中学受験
読解力アップ

家での勉強法、教えます。

塾の学びを生かして、定型で解く

国語ママ

はじめに

息子は、国語が苦手でした。塾に通っても成績は伸びません。私はつきっきりで教えました。しかし、現実は、私の熱量が上がるだけ。「そんなことなら中学受験をやめなさい」と怒ったり、「こんな成績では合格できない」と私自身が不安や絶望でいっぱいになったこともありました。そんな私に振り回された息子や、それを見ていた家族は、悲しい思いをしたこともあったでしょう。

こうした長い紆余《うよ》曲折があった末、「私にはもう、国語を教えられない」、そう開き直った時、見えてきたことがありました。

本書では、決して順風満帆ではなかった、息子が国語を克服していく中での気づきを、定型的な勉強法として整理し、親子で取り組みやすいようにまとめました。過酷な中学受験を、少しでも楽しく乗り越えるためのしかけや、塾の学びを生かすための方法などがいくつも盛り込まれています。

実際、私がこの勉強法を教えた保護者からは、「親が本文の内容まで踏み込まずに子どもの勉強の伴走ができる」「国語を解くことが、形式化、体系化されている」「子どもが主体的に学ぶための対応がわかった」といった感想が寄せられています。そして子どもたちも、「ゲーム感覚で国語を解けるようになった」「解き方がいつも同じだから、わかりやすい」と感じるようです。2時間一緒に解いたあと、「もう1題解く!」と言って、さらに1時間勉強した子どももいました。

もし、親子で「国語をどうやって勉強すればいいのかわからない」「国語をどう教えればいいのかわからない」、そう悩んでいるのであれば、ぜひ本書を手に取り、肩の力を抜いて読み進めていってください。そうすればきっと、国語の成績も、そして親子の関係も少しずつ良い方向に変わっていくでしょう。

ペンネームの「国語ママ」には、3つの意味が込められています。一つ目は、国語が母国語の教科であること、二つ目は、ママが考案した国語の勉強法であること、そして三つ目は「国語ができなくても、ママはずっとあなたを応援しているよ!」というメッセージです。では、子どもの国語をどう応援する?

そう、「国語ママの勉強法」で応援するのです!

目次

第1部

基本の3ステップ …… 033

第2部

選択肢問題の手順……091

第4章 部屋いっぱいに、親のシャウトを響かせろ!

第5章 呼吸レベルでできるまで

第3部

記述問題の手順

第4章

記述問題の手順

第5章

「音読」でさらなる進化を

序

誕生、国語ママの勉強法

第1章 ちゃんと読まずに解く息子

「あの頃は、本文をちゃんと読んでいなかった」

息子が中学受験をしました。現在、夢にまで見た中学校の生徒となり、充実した日々を過ごしています。小学生時代の苦手科目は国語。「中学に行ってもまた伸び悩むのかしら」と、私は内心冷や冷やしていました。しかし、意外なことに現代文の成績は良好です。そこで、息子に聞いてみました。

「毎日が充実していて、中学受験して本当によかったね。それにしても、あんなに国語ができなかったのに、現代文は結構いい成績がとれているね。受験勉強を始めた時の、あのひどい成績はなんだったの?」

「あ、あれ、国語が全くできなかった頃ね。あの頃は、本文をちゃんと読んでいなかったから」

小学6年生の夏、勉強法を変えるまで、国語に悩みながらも確かに息子は本文を読んでいました。問いに向き合い、本文から答えを探そうと懸命にページをめくっていました。自力で正解を導き出せたこともあります。不正解の時は、解説を手がかりに解き直しました。「この選択肢、自信をもって答えている?」と聞けば「うん、大丈夫!」と返事をしたり、「ちょっとわからないから質問に行ってくる」と言って塾へ質問に行ったりすることもありました。

確かに息子は真面目に一生懸命勉強していたはずです。それなのに「本文をちゃんと読んでいなかった」と言うのです。国語に苦しんだ理由は、実はこんな初歩的なところにあったのです。

本文に書かれていない選択肢を選ぶ息子

思い返せば、あの頃の息子は、問いに答える時にも、ちゃんと国語に向き合っていなかったのかもしれません。それは、間違えた選択肢問題を一緒に見直していた時のことです。

私は息子に聞きました。

「どうしてその選択肢を選んだの？　そんなこと、本文のどこに書いてあるの？」

「あっ、書いてなかった」

「どうして本文に書いていない内容の選択肢を答えに選ぶの？」

「わからないけど、そう思ったから」

「うちの子も同じだ！」と思った方もいらっしゃるでしょう。たとえば、「ふさわしいものを選びなさい」という選択肢問題が不正解になるのは、本文に書かれていない内容の選択肢を選んだからかもしれません。息子は、問いに答える時も本文をちゃんと読まず、本文に書かれていないことを平気で答えていたのです。

そして、その頃の私は

息子が「本文をちゃんと読んでいなかった」頃の私はどうだったか、思い出してみました。「国語をどうやって教えればいいのかわからない」という手探りの状態でありながらも毎回隣に座り、

「ゆっくりでいいから話の流れをつかむように丁寧に読んでね」

「登場人物をおさえてね」

「出来事を整理して読むとわかるよ」

などと言いながら、必死に国語を教えていました。


しかし、息子にはいまひとつ響かないようで状況は好転しません。そこで、もっと具体的に説明することにしました。

「場面が変わるところに線を引くのよ。そうしたら、話の流れがわかりやすくなるでしょう」

「登場人物に○をつけながら読んでね。誰が何をしたかがわかれば、自然に話の流れが見えてくるよ」

「大事な接続詞があったら○をつけてね。話をまとめる接続詞『つまり』なんかは注意しよう」

など、思いつく限り細かく具体的に説明しました。しかし、私がどれだけ言葉を並べても、息子の反応は薄いまま。挙句の果ては、自分の勉強にもかかわらず、「はいはい、やればいいんでしょ」と、私に言われたことを面白くなさそうにこなす作業者になってしまうことも。こうなると、徐々に親の私がヒートアップしていきます。

「主語がまた抜けてる！　誰の話かわからないじゃない！」

「反対の意味の言葉を探すだけでしょう。反対の意味の言葉は何なの？」

『それ』が指しているのはどこ？　まずは指示語の内容を確認しないと、話がわからないわよ。『それ』より前に書いてあるじゃない。そこをまとめなさい！」

そして、極めつけが、この決め台詞。

「本文をちゃんと読みなさい！」

「国語は本文中に答えが全部書いてあるのよ！」

こうなると、もう誰も私を止めることができません。独演会の始まりです。部屋中に私の声だけが響き渡ります。指で本文をガンガン指すので、問題用紙やテキストが破れそうです。説明しながら本文に次々と線を引いていくので、本文は私が書いた線で真っ黒。もはや、何が書いてあるのかすら読めません。

その間、肝心の息子は、死んだ魚のような目をして独演会が終わるのを待っています。そして、教えることを諦めた私の独演会から解放されるやいなや、

「勉強終わったから、ゲームやるね」

「おなかすいた。おやつ何？」

と、ある意味、大物ぶりを発揮します。

国語のできなさを自分事として捉えていない我が子を見て、私はさらに絶望の闇に落ちていく……。

私と息子の温度差

しかし、当時を冷静に振り返ってみれば、成績が低迷していた頃の息子は、本人が言う通り、確かに「本文をちゃんと読んでいなかった」のでしょう。

4年生で通塾するまでの息子は、学校に行き、放課後はサッカーボールを蹴り、帰宅後は「おなかすいた！」とおやつを食べ、すぐさまゲームの世界へ。夜はテレビを見てのんびり過ごし、土日は海や山で自然を満喫していました。

しかし、塾に通うことになった日を境に生活は一変します。

国語については、ジャンルの異なる長文が次々と息子に襲いかかります。物語文の中には、いじめ、貧困、両親の離婚、失業、戦争や飢餓といった息子の経験値を超えた話もありました。論説文や説明文では、遺伝子組み換えなどの科学技術、SDGs《エスディージーズ》などの環境問題、経済や国際問題、倫理、アイデンティティなどの哲学といった、日常からは縁遠いテーマばかり。随筆に至っては、つらつらと書かれている文章から何を読み取るべきなのかもわからずじまい。

息子は本文を読んではいました。しかし、「内容を理解しながら読む」ということをしていなかったのです。問いに答える時も同じです。本文から答えようとしているけれど、その意識が中途半端で「本文のどこを根拠として参照し、問いの答えを出すか」というもっとも重要な作業を疎《おろそ》かにしていました。その結果、空想や妄想、思いつきや感覚で答えてしまっていたのです。

いいえ、もしかしたら根本的な問題として「国語の問題を解くためには本文をちゃんと読んで、本文に書いてあることから答えなければならない」という当たり前の「読解の基本」すら、意識できていなかったのかもしれません。

こんな状態ですから、当然、塾に通っても先生の話をうまく吸収できません。もちろん、家で親がいくら説明しても子どもに伝わらず、親のイライラが増すばかり。親子で疲弊して終わっていたのです。

家で教えることの限界

一方、親である私にも問題がありました。

息子をどうにかしなければと焦る気持ちが、毎回、私を熱い独演会に走らせます。しかし、冷静になって考えれば、何も親がそんなに熱くなることはないのです。独演会後に残るのは、

「あー、また私だけ熱くなり過ぎた……」

「あー、また強く言い過ぎて、さらに国語嫌いにしてしまったかも……」

という後悔の念だけ。

私がいくら熱く教えても、息子は正しい選択肢を選べるようにも、記述ができるようにもなりません。息子の国語力は、私の熱量に比例しないのです。その理由の一つは、親が塾と同じように説明を重ねても、息子には響かないということ。「塾でインプット、家でもインプット」では、せっかくの学びを消化できないのです。消化とは、「教えてもらったことを、自分ひとりでもできるようになる」ことです。

たとえば、初めての逆上がりの話で説明しましょう。

「膝は曲げない！」

「わきを締めて肘を伸ばさず、腕を鉄棒に近づけて！」

と説明しただけで、くるりと回転できるようになる子どもはそう多くないと思われます。両手に血豆を作りながら何度も何度も地面を蹴り上げ練習を繰り返す。そうして初めて自分自身でコツをつかむ。コツをつかんだ、まさにその瞬間が「消化」であり、くるりと回る歓喜の瞬間となるのです。

逆上がりの場合、

・教えてもらう場は、学校の鉄棒

・自分ひとりでできるように練習する場は、公園の鉄棒

国語も同じです。

・教えてもらう場は、塾

・自分ひとりで解けるように練習する場は、家

塾は中学受験に必要な読解ノウハウを楽しく、また丁寧に教えてくれます。しかし、私は塾の先生ではありません。中学受験の指導術を身につけていません。そんな私が

家でテキストの解答解説を片手にガンガン教え込んでしまえば、下手なインプットが繰り返されるだけ。ともすれば、親子の間が険悪な雰囲気になり、双方がストレスを抱えることになるのは目に見えています。そんな消化不良の子どもに、自分ひとりで解く力は身につきません。

親が家で教えなくても、子どもがちゃんと本文を読んで、本文から自分で答えを導き出せるようになる練習ができる、家での勉強法はどこかにないものでしょうか。

第2章

「国語ママの勉強法」でちゃんと読む！

必要なのは、「本文をちゃんと読み、根拠から答える」練習

そもそも「ちゃんと読む」とは、どのようなことなのでしょう。

物語文であれば、場面や背景を理解しながら、登場人物を確認しながら、その関係性を意識しながら、場面展開を把握しながら、登場人物の感情を考慮しながら、読まなければなりません。

論説文や説明文であれば、テーマや筆者の主張を理解しながら、論理展開をおさえながら、具体的事例を把握しながら、結論を確認しながら、読むといったところでしょうか。

「～ながら、～ながら、～ながら」

ここからわかるように「ちゃんと読む」ためには、多くのポイントを同時進行でおさえながら読み進めていく必要があります。よくよく考えてみると、子どもにとって、かなりタフな作業です。まして、試験で時間的な制限があれば焦りも出て、それどころではないでしょう。

塾に通い、家でも宿題を一生懸命こなしている姿を見れば、「このまま続けていれば、いつか国語ができるようになるだろう」と思ってしまいます。しかし、本文をちゃんと読まなければ問いに答えることはできません。

また、作問者は、問いの答えを作る時、必ず本文中に根拠を設定します。

本文をちゃんと読み、
本文から根拠を特定し、
特定した根拠を参照して答える

これができなければ、答える時に自分の空想や妄想、思いつきや感覚が入り込みます。それどころか、答えを見つけることができず解答欄を空欄にすることにもなりかねないのです。

漢字や文法といった暗記分野なら、何回も書いたり類題を解いたりすることで記憶は定着します。しかし、長文読解はそうはいきません。なぜなら、算数のような数値替えの類題がないからです。似たような問題を何回も解くことで解法を身につけることができないのです。

そのため、子どもは「何から手をつけていいかわからない」「どうやって勉強すればいいかわからない」という状況に陥ります。家で取り組むべき復習が疎かになれば、結局、塾での勉強を生かすことができないでしょう。さらに学年が上がれば出題レベルも上がり、もう手がつけられない状態に。そんな子どもに、家で親がいくら説明しても、子どもの頭はそう簡単に働きません。それが、塾に通っても、家で親が熱心に教えても、国語ができるようにならない理由です。

では、長文読解はどうやって勉強すればいいのでしょうか。それは、子どもにとって非常にタフな作業であるけれど、「**本文をちゃんと読み、本文から根拠を特定し、特定した根拠を参照して答える**」という練習を家で何度も何度も繰り返すこと。すると、きっと何かが変わるはずです。

ちゃんと読ませる仕組み「国語ママの勉強法」

そんなことを無意識に考えながら、その日も、私は息子の隣で国語を教えていました。教えていたというよりは、教えることに限界を感じながら座っていたと言ったほうが正しいでしょう。6年生になり、国語の出題レベルと取り組む頻度が上がり、もう、私が毎回、本文の内容を理解して教えることが事実上困難になっていたからです。いえ、それ以上に、いくら教えても伸びない息子と過ごすこの時間のストレスが、私を覆いつくしていたのです。

そんな極限状態の中で、私は「はっ」と気がつきました。

「あれっ、私、いつも同じ声かけで勉強の議事進行をしている！」

親が本文の内容を理解して説明することに限界を感じていた私は、無意識のうちに、息子の国語の勉強を定型的な手順で進められるよう、いつも決まった言葉をかけていたのです。**教えることを断念した結果、親が教えなくても子どもが国語の勉強を進められるような、定型的な手順を編み出していたのです。**

それなら、この声かけを整理して、当の子どもも気がつかないうちに、本文をちゃんと読み、本文から根拠を探し、根拠を参照して答えることのできる勉強の手順を作ればいいのです。そうすれば、親の教える負担も大きく軽減できると思いつきました。

ただし、あれもこれもと盛り込めば、難し過ぎてできません。数回やってやめてしまうようでは、学習効果は生まれません。出題ジャンルや出題形式によって大きく取り組み方が変われば、複雑で混乱してしまいます。そこで私は、息子のためにそれら一つ一つを点検し、まとめ直しました。

本書では、国語の試験で必ず出題される選択肢問題と記述問題に絞った新しい勉強の手順として、私が考案した勉強法、名付けて「**国語ママの勉強法**」をご紹介します。

「**国語ママの勉強法**」は、3種類の定型的な手順で構成されています。

まず、従来の勉強の手順「本文を読む ➡ 問いを読む ➡ 問いに答える」に、新たに3つの定型的なステップをプラスし、「解く」ことを手順化した「**基本の3ステップ**」。

さらに、選択肢問題を「解く」から「見直す」まで手順化した「**選択肢問題の手順**」。

そして、記述問題を「解く」から「見直す」まで手順化した**「記述問題の手順」**です。

使用する教材は、

・塾のテキスト
・模試
・過去問
・市販の問題集

何でもOKです。もちろん、物語文、論説文、説明文など出題ジャンルも問いません。

「国語ママの勉強法」を習慣化すれば、どんなに難しい長文であっても焦ることはありません。いつも通りの手順で淡々と解くだけ。その安定感こそが、試験当日に大きな力をもたらすでしょう。

定型だから、親ができる

あの頃の私は、途方に暮れていました。

「塾に通っても成績が上がらない」

「親が教えるにしても、本文や問いを毎回把握して教えるには無理が生じる」

「無理して教えても、親子でイライラを募らせるだけ。一体、家で国語をどうやって勉強すればいいのだろうか」

でも、「国語ママの勉強法」を考案すると、そんな悩みが改善されました。なぜなら、いつも同じ手順で国語を解き、見直すので、子どもは「どうやって勉強すればいいのか」、親は「どう教えればいいのか」、悩む必要がなくなったからです。

「国語ママの勉強法」は、まさに、国語を公式で解くようなものです。公式で解けば、「わからないこと」「解けないこと」など、イレギュラーなケースに続々と遭遇します。そのイレギュラーなつまずきこそがそれぞれの子どもの課題であり、その課題を蓄積していくことが、国語を解く力になります。

また、「国語ママの勉強法」では、親が事前に本文を読み込むなどの準備は不要です。親は本文を読まないので教え込み過ぎることもありません。

親の役割は、

・子どもが定型的な手順で、根拠をもとに解いているかを確認する

・子どもがつまずいた時、何につまずいたのかを確認する

これだけです。

親が子どもの勉強へ介入することを最小限におさえながら、子どもの主体的な勉強をサポートできます。

実際、この方法で勉強すると、息子が少しずつ変わっていきました。印刷された文字をただ目で追うだけだった息子が、本文を読みながら懸命にキーワードを探しています。また、どこかに根拠が書かれていないか、必死に本文を読んでいます。そうなると、自分が見つけた根拠を参照しながら答えを書くようになります。当然、空想や妄想、思いつきで答えていた時より正答率も上がります。空欄も少なくなっていきます。それは、「国語ってこうやって解くのだ！」ということを、全身で体感していった時間でした。

さあ、これから、家でできるこの魔法のような新しい勉強法を、ここにたどり着くまでの思考も含め、整理し直しながら皆さまにお伝えします。本当に子どもが変わるのか、半信半疑かもしれませんが、どうか読み進めてください。

第1部

基本の3ステップ

定型的な手順で「本文を読む」

長文読解＝「本文を読む」＋「問いに答える」

「基本の3ステップ」の説明に入る前に読んでいただきたい一文があります。

> 次の文章を読んで、あとの問いに答えなさい。

これは、大問の最初によく見る説明書きです。文章自体は短く、当たり前のことが書かれているので、私はその重要性を見落としていたように思います。この一文にこそ、家での勉強法のヒントが隠されていることに気がつき、これにいち早く着目して考え出したのが、「**国語ママの勉強法**」です。

この指示の通りに子どもが解き進めようとすると、

1　本文を読む

2　問いに答える

この二つのプロセスを踏むことになります。国語が苦手だけれどできるようになりたいと思えば、当たり前のようですが、この指示に適確に対応できるように勉強しなければなりません。最初からこの二つを同時に考えると混乱しますから、「基本の3ステップ」では、それぞれにどう取り組むかを考えました。

国語で「本文を読む」とは

「本文を読む」の「本文」とは、詩でない限り、たいていは数ページにわたる長文です。それは、問題専用に新たに作文されたものではなく、小説や論説の一部を切り取って出題されることが多いようです。

しかし、著者は一部を切り取ることを前提に本を書いていません。試験に出される問題は、ある意味、唐突に子どもの前に現れます。あまりに唐突なので、中には、最初に「あらすじ」といった形でそれまでの話が簡単にまとめてある場合もありますが、いきなり長文でスタートする問題も多いですね。
また、試験時間は限られています。限られた時間の中で、何の話なのか事前情報もない文章を一読し、本文を大まかに理解する。さらに、「1　本文を読む」のあとに待ち構えている「2　問いに答える」がスムーズに運ぶように備える。これは本当に大変な作業ですね。

実はこれは、読書好きな子どもにとっても、簡単なことではありません。読書好きで自ら本を手にとる子どもは、タイトルや表紙、場合によっては中身にぱらぱら目を通し、自分がどんな本を読もうとしているのか事前に何らかの情報を手にしています。また、基本的に手に取る本は、自分の読みたい、興味のある本でしょう。けれども、試験はそうはいきません。物語文なのか、論説文なのか、随筆なのかもわからず本文を読み始めるのです。それも、話の途中から、時間に追われながら。

しかし、ものは考えようです。本文を一読した段階では、まだ本文の内容を事細かに詳しく把握できていなくても大丈夫なのです。

たとえば、物語文で主人公が、「朝起きて歯を磨き、顔を洗い、朝ごはんを食べ、着替えて、靴をはいて、自転車で学校に行った」まで詳細な行動の順番を把握しなくても、学校に行ったことがわかればそれでいいですね。説明文でペンギンの生態の話があったら、「親の平均体重は○キログラム、餌は1日○キログラム食べ、1日に○キロメートル移動し、子育ての時は1日に○回餌をとりに行く」など、詳細な数字まで把握するほど丁寧に読む必要もありません。

「本文を読む」時は、一読して本文の内容を大まかに把握できていればいい。この点は、唯一の救いでしょう。

「本文を読む」練習をしている？

ところで、家で、「本文を読む」練習をしていますか？

もし、家で「本文を読む」ための練習をしていなかったとすれば、一刻も早くその練習に取りかかる必要があります。

なぜなら、国語は、「何の話かわからなかった」状態で正解できるほど簡単ではないからです。**「本文を読む」ための専用の練習をして、一読しておおよその内容を把握できるようにならなければ**、子どもは次に待ち受ける「問いに答える」ことができません。

当時、息子は「本文を読む」練習をしていませんでした。本文を読んだらいつもすぐに、「問いに答える」作業に移っていました。「問いに答える」ことができるか否か、問いに答えて何点とれたかで本文の理解度を判断したかったからです。しかし、それ以上に、「本文を読む」練習をしようなどと考えたこともなく、「本文を読む」こと自体を軽視していたことが、国語が苦手な一番大きな要因だったように思います。

「次の文章を読んで、あとの問いに答えなさい」という問題で、「本文を読む」、すなわち、本文を一読しておおよその内容を把握するという初動を軽視して、問いに答えられるはずがないのです。

読書で練習をすればよいのか？

「本文を読む」ための練習といって真っ先に思い浮かぶのは、読書でしょうか。実は、私には娘もいます。娘は、小学生のうちから文庫本を手にする大の読書家。たいていの文庫本は、半日あれば読破します。読むスピードの速いこと、速いこと。それだけではありません。国語の試験は常に上位に食い込みます。当然、親が教える必要もなく、全く手がかかりません。

一方、息子の愛読書は図鑑です。生き物の名前はびっくりするくらい早く覚えます。しかし、見ているのは単語と生き物の写真だけ。読書をしていると言っていいのかどうかもわからない状態です。

よく、国語が苦手な子どもの親はこう言います。「うちの子は本を読まないから……」。まさに、息子はそのパターンです。ふたりを比べてみれば、読書の有用性は立証されているようにも思います。

ただ、私には昔から疑問に思っていたことがありました。もし、読書量が「本文を読む」力に比例するとしたら、学校や塾から

「国語ができるようになりたいのであれば、1か月で10万字程度は読んでください」

「最近成績が下がっているね。それなら、まず本を10冊くらい読んできなさい」

などと言われるのではないでしょうか。しかし、実際、そこまで具体的な数字をあげて「読書」と言われた記憶はありません。学校からは教科書の音読や夏休みの感想文の宿題、図書委員会からおすすめの本の紹介があったりするくらいです。塾でも、試験対策として別途読書が宿題になったことなどありません。

また、実は、「読書」と一言で言っても、本の読み方は人それぞれです。娘は、場面展開がありそうなところを中心に話のあらすじをつかむことを気にかけて読んでいるとのこと。そして私は物語文を読む時、気になる登場人物の名前が掲載されている箇所を中心に読み、関係なさそうなところは無意識に軽く飛ばし読みしています。そして、興味のない本を手に取ると思考が止まり、眠くなってしまいます。ちなみに、私の母は、登場人物の名前が出てくる度に人物やその関係性を確認し、いつ誰がどこで何をしたかをきっちり把握しながら読み進めているそうです。だから読書にとても時間がかかると言っていました。

このように、読書のしかたは人それぞれ。そう考えると、本だけを与えれば安心というわけにもいきません。

さらに、読書が好きな娘も、模試の国語で満点をとったことがないという点も気になります。記述問題も選択肢問題も、息子と同様に間違えます。間違えるということは、「国語の試験」的に言えば、間違った解釈をしたまま読んでいるということになります。読書家でも、「国語の試験」では通用しない部分があるのです。

確かに読書は文章を読むという経験値を積むことにはなります。語彙力も増えるでしょう。しかし、本人が本文をどのように読み進めているのかわからないのに、読書に興味を示さない子どもにむやみやたらに本を買ってきて、「本文を読む」ための練習の切り札と考えるのは少し疑問が残ります。

また、現実的に、生き物図鑑好きの息子に、小説を1冊読ませることは、私には不可能でした。そして何より、日々勉強に明け暮れている子どもが、新たに読書の時間を確保できるかといえば、それも難しいことでした。

新たに読書を無理強いすることなく、塾のテキストや市販の問題集を使った「本文を読む」練習法はないかと考えた時、次の方法を思い出しました。

ステップ① 本文を3行でまとめる

新たに読書を強いることなく、目の前にあるテキストや問題集を使って、一読しておおよその内容を把握するための「本文を読む」練習ができれば、それにこしたことはありません。出題ジャンルを問わず、いつも同じステップで練習できればさらにわかりやすいでしょう。それなら、こんな方法はどうでしょう。

ステップ①　本文を3行でまとめる

これは、息子の国語の成績に困って塾に相談に行った時、「こんな勉強方法もありますよ」と教えてもらったものです。これを、「本文を読む」ための勉強方法として、定型的な手順に組み込むのです。方法は簡単。**本文を一読したあと、そこに書かれていた内容をノートにまとめるだけ**。新しい問題に取り組む時も、塾で一度取り組んだ問題を家で見直す時も、家で勉強する時はいつも、本文を読んだあと、「本文を3行でまとめる」ステップを踏みます。

まとめ方のルールは、たった二つ。

① 3行でまとめる

② 相関図のようにまとめる

「3行」とは「ノート3行程度の空間」という意味です。つらつらと文章で3行を埋めるのはNGです。キーワードを拾いながら、キーワード同士の関係性を矢印などを使って簡潔に表現します。要約を相関図のように図式化するイメージですね。

例①　たけしが友達と遊びに行って母親に心配をかけたという物語文の場合

例②　カワセミの流線形を新幹線のボディに、蝶《ちょう》の翅《はね》の折りたたみ方を人工衛星のパネルに応用したという説明文の場合

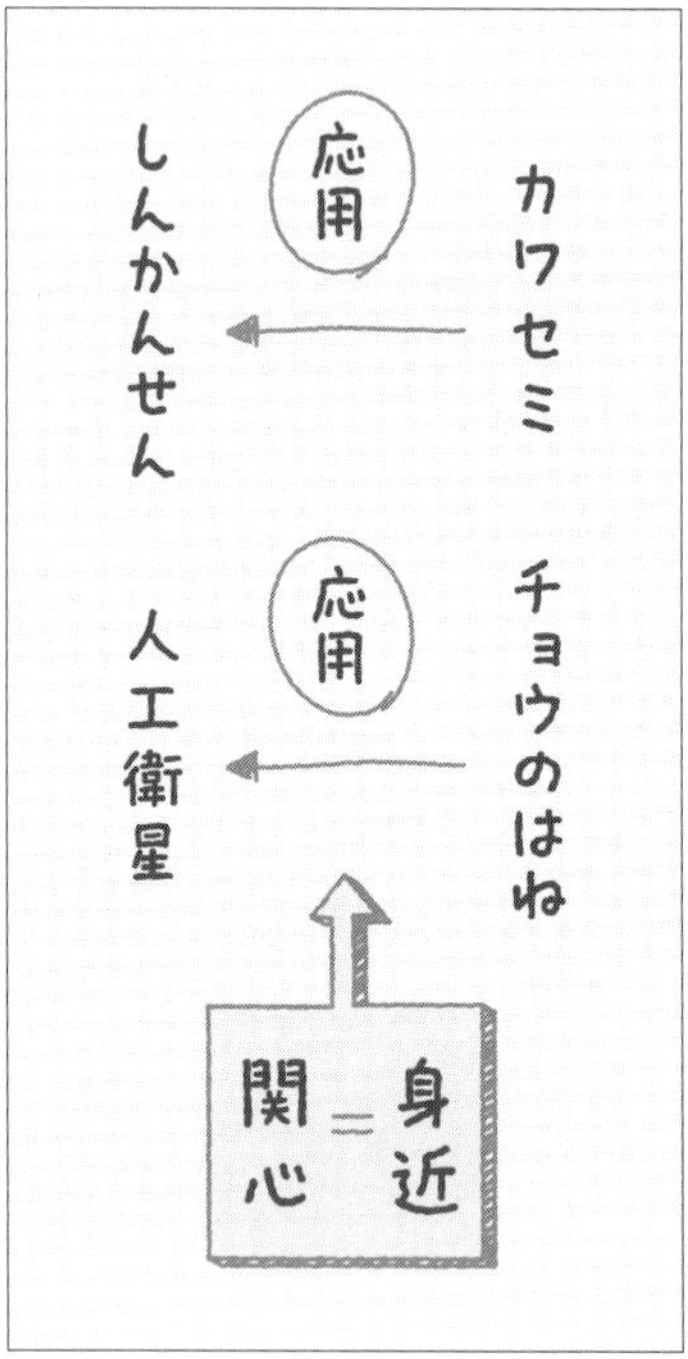

この方法は、親が思う以上に子どもにとってプレッシャーになるようです。大人もやってみるとわかるのですが、意外に難しいのです。数ページにまたがる長文です。全体からまとめに使うキーワードを取捨選択しなければ、到底3行程度でまとめ上げることはできません。しかし、この方法は非常に効果的でした。

実際、この方法を教えると、息子の国語に向き合う姿勢が大きく変わりました。「本文を読む」というよりは「まとめる内容を必死に探す」といった感じでしょうか。

最初はだらだらと長い文章でまとめてしまったりキーワードが探せなかったりと、うまくいきませんでした。しかし、1か月、2か月、3か月……根気よくまとめ作業を繰り返すうちに、「えーと、この先はどんな話だったっけ?」と本文を確認するようになりました。自分の理解した内容がノートの上に可視化されるため、「あっ、違った!」と間違った理解や認識に気づき、訂正することも。

そして、慣れてくると、キーワードやキーパーソンを抽出でき、「↓」「⇔」などを使って関係性まで上手にまとめられるようになりました。試行錯誤を通して、「本文をちゃんと読む」ということが、自然に身についていったのです。

万が一の方法も準備

しかし、実際に「ステップ① 本文を3行でまとめる」に取りかかると、すぐに直面するのがその難しさです。そもそも、国語が苦手な子どもが取り組むのです。キーワードを拾いながら3行程度にまとめ上げることができないのも無理はありません。

また、国語についての悩みが違う子どもをひとくくりにして、同じ手法で勉強させるのも、非現実的です。

そこで、「基本の3ステップ」では、次のような万が一の方法も準備しました。

- キーワードを5つ程度書き出す（個数は3～5程度で臨機応変に）
- どんな話だったのか、口頭で説明する
- 重要だと思った本文に線を引く
- 重要だと思った単語に○をつける
- どんな話だったのか、絵で描く

これらはすべて、「本文を読む」ための練習法として、息子と二人で考えたものです。
「ステップ① 本文を3行でまとめる」ことが困難でも、そこで諦めてはなりません。
「本文を3行でまとめる」ことが難しければ、このようなほかの方法でトライします。

我が家の運用事例

我が家の場合、国語の得意な娘は、「ステップ① 本文を3行でまとめる」だけで済ませていました。43、44ページの例は、娘がまとめた相関図です。3行程度に上手に話をまとめられている、つまり、本文を理解している様子がわかります。

一方、国語が苦手な息子は、「ステップ① 本文を3行でまとめる」と、万が一の方法の「どんな話だったのか、口頭で説明する」を併用しました。

まず、本文を一読したあと、本文を3行でまとめさせます。そして、息子に「どんな話だったの？」と聞いて、口頭で説明もさせるのです。ぎこちない説明を聞かなければならないので世話が焼けますが、今は国語をどうにかしなければならない非常事態。そこは割り切って付き合いました。

「どんな話だったの？」と私に聞かれるので、息子は自分でまとめた相関図を見ながら、「今日の話は……」と説明し始めます。口頭で説明する途中、まとめを見てもどんな話だったのかわからなくなって「ちょっと待って……」と言って本文を読み返し

たり、間違いを発見したりして「あっ、これ、違った」と言いながら3行のまとめを修正することもありました。すると、

「ちゃんと読んでいたつもりだったけれど、本当はちゃんと読んでいなかったのだな」

「本文を読むためには、こんなことにも注意しながら読まないといけないのだな」

といった、さまざまな気づきが積み重なります。その積み重ねが大きな学びとなり、それは息子の本文を読む力を大きく向上させていきました。

口頭で本文のまとめをすらすらと説明できるようなら、安心できるサインです。私は「面白い話だったね！」「主人公、かなりピンチだったね！」などと簡単な感想を言って「さあ、興味をもったまま、問題をどんどん解いていってね！」という声かけをし、集中力を維持させたまま先に進ませました。

息子の場合、「ステップ① 本文を3行でまとめる」と「どんな話だったのか、口頭で説明する」を基本の定型としましたが、もちろん、すべてのケースでそれがうまくいったわけではありません。なかなか相関図が思いつかず、鉛筆を持った手が止まることもありました。

そこで、なじみのないテーマの論説文でどうしても3行でまとめられない時は、

「キーワードを3つ書き出す」に変更したり、話が込み入った物語文では、「どんな話だったのか、絵で描く」に変更したりと、臨機応変に対応しました。

「基本の3ステップ」は、本文の内容やレベル、子どもの学力や得意不得意、親のサポート体制によって、定型でありながら柔軟さも兼ねそなえています。何事も、無理があっては長続きしません。

「ステップ① 本文を3行でまとめる」を目指しながらも、まずはそれぞれの親子に合う方法を選んで、「本文を読む」練習に継続的にトライしてみてください。

まとめに正解はない

「ステップ① 本文を3行でまとめる」に、正解はありません。子ども自身の本文理解を目的とした作業なので、子ども自身が「まとめられた！」と思えばそれでOKです。

「もう少しキーワードを増やしたら？」

「もう少し矢印を使ってまとめられない？」

「コンパクトになるようにもう少し単語を使って整理しないと」

など、親は子どもに「もう少し」「もう少し」と言ってはさまざまなことを要求しがちです。しかし、詳しくまとめさせれば、子どもは面倒くさく感じ、結局続かなくなります。口を多く挟めば子どもが煙たがります。ですから、まとめに関して親の出番はありません。あくまで、子ども主導に徹します。

もしこの段階で、子ども自身の本文理解に間違いがあったとしても大丈夫。このあと、問題を解いていく中で、自分の勘違いや理解不足に気がついていく可能性が高いからです。誰かに「そのまとめ、ちょっと違うんじゃない？」と言われてわかるより、「あっ、そういうことだったのか。さっき3行でまとめた時には勘違いしていたな」と、自ら気づくほうが学習効果は大です。

最終的には頭の中で

「ステップ①　本文を3行でまとめる」練習を習慣化した先に目指すもの。それは、一読し終わった時、気がついたら頭の中で3行のまとめが終わっている姿です。試験は時間との勝負です。流暢《りゅうちょう》にまとめの相関図を書いている時間はありません。だからこそ「本文を3行でまとめる」練習を積み重ね、最終的には本文を読みながら頭の中で内容をまとめられるようにする。そうすれば、ゆとりをもって試験に臨めます。

もちろん、数回で到達できる姿でないことはご理解いただけるでしょう。塾の国語の授業が週1回の場合、1か月では約4回しか「本文を3行でまとめる」練習ができません。そのため、半年、1年という長い期間が必要になります。

「本文を3行でまとめる」という手順を勉強に組み込み、まとめる作業を根気よく繰り返すことで、少しずつまとめ上手、本文理解上手になっていきます。

基本の3ステップ　その1

本文を読む
⬇
ステップ①　本文を3行でまとめる

第2章

定型的な手順で「問いに答える」

どんな問いにも根拠と答えがある

「1　本文を読む」練習は、「ステップ①　本文を3行でまとめる」に取りかかることで解決できることがわかりました。

では、「2　問いに答える」ための練習法は何をすればよいのでしょうか。

それにしても、一言で問いといっても、そのバラエティー豊かなこと！　選択肢問題あり、記述問題あり、抜き出し問題あり、穴埋め問題あり。

選択肢問題には、「ふさわしいものを選びなさい」「ふさわしくないものを選びなさい」「答えをすべて選びなさい」「二つ選びなさい」などと、さまざまなパターンがあります。記述問題でも、登場人物の気持ちを記述させるもの、筆者の意見をまとめさせるもの、理由を答えさせるもの、状況を説明させるものなど、これもまたさまざまです。うっかりすると、「ふさわしくないものを選びなさい」なのにふさわしいものを選んでしまったり、「それはなぜですか？　理由を答えなさい」と問われているのに「〇〇である」と文章を結んでしまったりします。子どもは問いに答える時、一時も気を抜けません。

しかし、どんなにバリエーション豊かな問いであっても、作問者は本文中に問いに答えるための根拠を設定しているので、問いに答えるために子どもがとるべき行動はただひとつ。**本文の中から作問者が設定した根拠を探し出し、探し出した根拠を参照して答えればいいのです。**

傍線部は本文のどこかの部分とつながっている

ところで、本文がどのように成り立っているのか、考えたことはありますか？私は、塾のテキストの解答解説を片手に息子の国語の勉強に寄り添ってきました。その中で、わかったことがあります。それは、本文はみんな矢印（↓）でつなげられるということです。

たとえば、簡単な例文で説明してみましょう。このような文章があったとします。

例文
奈々子は、お世辞にも上手とは言えない吉田先生の似顔絵を描いた。それを見た弘子とみっちゃんは、思わずふき出した。そして、その姿を見た奈々子が、少しほっとした表情を浮かべたのを、私は見逃さなかった。

① **【問】** 奈々子が描いたのは何ですか？

奈々子は、お世辞にも上手とは言えない吉田先生の似顔絵を描いた。それを見た弘子とみっちゃんは、思わずふき出した。そして、その姿を見た奈々子が、少しほっとした表情を浮かべたのを、私は見逃さなかった。

【答】 お世辞にも上手とは言えない吉田先生の似顔絵。

②

【問】「それ」とは何ですか？

奈々子は、お世辞にも上手とは言えない吉田先生の似顔絵を描いた。それを見た弘子とみっちゃんは、思わずふき出した。そして、その姿を見た奈々子が、少しほっとした表情を浮かべたのを、私は見逃さなかった。

【答】奈々子が描いたお世辞にも上手とは言えない吉田先生の似顔絵。

③

【問】「弘子とみっちゃんは、思わずふき出した」のはなぜですか？

奈々子は、お世辞にも上手とは言えない吉田先生の似顔絵を描いた。それを見た弘子とみっちゃんは、思わずふき出した。そして、その姿を見た奈々子が、少しほっとした表情を浮かべたのを、私は見逃さなかった。

【答】奈々子が、お世辞にも上手とは言えない吉田先生の似顔絵を描いたのを見たから。

④【問】「その姿」とは、どんな姿ですか？

奈々子は、お世辞にも上手とは言えない吉田先生の似顔絵を描いた。それを見た弘子とみっちゃんは、思わずふき出した。そして、その姿を見た奈々子が、少しほっとした表情を浮かべたのを、私は見逃さなかった。

【答】弘子とみっちゃんが思わずふき出した姿。

⑤【問】「私は見逃さなかった」のは、何ですか？

奈々子は、お世辞にも上手とは言えない吉田先生の似顔絵を描いた。それを見た弘子とみっちゃんは、思わずふき出した。そして、その姿を見た奈々子が、少しほっとした表情を浮かべたのを、私は見逃さなかった。

【答】奈々子が、少しほっとした表情を浮かべた姿。

たった3行の文章を見てもわかるように、どの文章も、本文のどこかほかの部分と矢印（↓）でつながっています。

つながる先が「根拠」

前の例題を見てみると、問いの傍線部も、本文のどこかの部分と矢印（↓）でつながっていることになります。

「問い」は、本文にあるたくさんの関係性の中で、「この関係性はわかっていてほしいな」と作問者が考えた傍線部を問題としてピックアップしたものです。そして、「問いに答える」ということは、傍線部が、本文のどこの部分とつながっているのか、矢印（↓）を自分で考え、探し出した矢印（↓）の先の部分から答えを導き出すことです。これが、「国語では本文に答えが書いてある」と言われる所以《ゆえん》でもあります。

傍線部がつながっている矢印（↓）の先の部分を、「根拠」と呼びます。作問者が、本文に必ず「根拠」を設けるというのは、このことを意味します。**つまり、問いに答える時は、傍線部と関連している本文のどこかの部分「根拠」を探し、探し出した「根拠」を参照して答えればいい**のです。

「根拠」探しは、まるで、一時期流行った『ウォーリーをさがせ！』のようだと思いませんか？　このページの中にウォーリーは必ずいる！

国語の教科とは似つかない冗談のようなこの「○○を探せ」という感覚は、国語の問題を解く中で、とても大事な感覚になるように思います。そう考えると、本文を読みながら、

「この文は、前のあそこと関連があるから、問いで採用されそうだな」

「この文を根拠にして記述を書かせるんじゃない？」

などと、ゲーム感覚で問題を予想してみるのも面白いかもしれませんね。

根拠は「傍線部」付近にある

では、問いの傍線部とつながっている矢印（↓）の先にある「根拠」を、どうやって探しますか？

- 端っこからくまなく本文全部を探す
- 本文のあちらこちらに目を移し、ランダムに探す

実は、どちらの方法も非効率的であると、私は断言します。なぜなら、国語の場合、すべての問いではないにしろ、探すべき根拠の場所はある程度、予測できるからです。

息子が塾に通い出したその日から、私は毎日、塾のテキストの解答解説を読むようになりました。解答解説の中に、息子の国語力を向上させるヒントはないかと探すためです。ある時、いつものように解答解説をめくっていた私は思わず「あっ！」と、声をあげてしまいました。

・傍線部①の直前を見ると「〜」とあるように
・傍線部②を含む一文を見ると「〜」ということがわかるので
・傍線部③の直後の会話から考えると
・傍線部④の前後を読めば「〜」と書かれており
・傍線部⑤の直前の段落には「〜」とあるため
・傍線部⑥から始まる一文を読めば

解説文の中に、「傍線部」や「傍線部」の前後を指し示す記載がこんなにたくさん書かれているではありませんか！

皆さんも、塾のテキストの解答解説を確認してみてください。おそらく、私と同じように傍線部やその前後を指し示す文章の多さにびっくりするのではないでしょうか。もちろん、解答解説の表記は解説者ごとに異なるため、「傍線部」という言葉を用いずに文章で説明したり、ページ数や行数で根拠の場所を示したりするケースもあり、一概には言えません。それでもどうやら、問いに答えるために探し出すべき根拠は、傍線部付近に多く存在するようです。

では、傍線部付近に根拠があるのは塾のテキストだから？　ほかの問題集ではどうなの？　私は、街の書店に走ります。結果は思っていた通りでした。

・傍線部⑦の前を見ると「〜」とあるように
・傍線部⑧の直後の文脈を読むとわかるように
・傍線部⑨を含む段落の内容には「〜」と書かれており

すべての問いでないにしろ、市販の問題集の解答解説にも、「根拠は傍線部付近にあり」といったような表記が多く目につきます。ちなみに、高校受験の問題集や大学受験の過去問を見ても、このような表記を数多く確認することができました。

考えてみれば、傍線部や傍線部付近に根拠があるのは、ある意味当然のことです。**文章は言葉のつながりで成り立っています。「傍線部」の前後には、傍線部に関する事柄が書かれており、答えの根拠が書いてある確率は高い！** それなら、これを活用するしかないでしょう。

ステップ② 傍線部の前後5行を読む

そもそも、問いに答える時、まず傍線部の前後を読み、問われている状況を確認することは基本的な取り組みとして重要です。その上、傍線部の前後に答えの根拠が書かれている可能性が高いのであれば、傍線部前後をよりしっかりと読まなければなりません。

そこで、子どもに「傍線部の前後をちゃんと読んで確認しなさい」と言ったとします。それで子どもが傍線部前後をしっかり読むようになるでしょうか？

おそらく、確認する範囲が「傍線部の前後」とアバウトなので、なんとなく確認するだけで終わってしまう可能性があります。息子の例では、口頭で説明してうまくいったためしがありません。そうなると、効果は限定的になりかねません。

それなら、**読む場所を指定するのが一番です。**「傍線部の前後5行」と指定して、読ませよう！　そして、それを国語の勉強をする時の定型的な手順の一つとしよう！

ステップ②　傍線部の前後5行を読む

取り組み方は簡単です。傍線部から、前と後ろに「1、2、3、4、5」と行数を数え、読み返す部分を明確にし、あとはそこを読み返すだけです。読み始めや読み終わりが文章の途中になることもありますが、その辺りは臨機応変に対応します。

我が家の運用事例

我が家では、「傍線部の前後5行を読んでね」とあらかじめ注意していても、うっかり忘れてしまうことは想定内です。そこで、息子が問いを読み終わったと同時に、隣に座っている私が、

「本文戻る、前5行後ろ5行！」

と、毎回叫ぶことにしました。

それまでの息子は、懸命に問いに答えようとしているものの、本文のどこを見て答えればいいのかわからず、パラパラとページをめくるだけ。根拠を探せないままなんとなく答えを書くこともありました。しかし、読み返す範囲を限定し、私のタイミングの良い叫び、「本文戻る、前5行後ろ5行!」で指定したら、どうでしょう。

「読み返す場所を、本文全体から探さなくていい!」

「読み返す量も少ない!」

と、好意的にとってくれたようです。また、実際、答えに結びつく根拠が高確率で見つかるようで、傍線部の前後5行を必死に探し読みをするようになりました。

なかには、文章を読むこと自体が苦手で抵抗がある子どももがいるかもしれません。その場合は、確認の範囲を狭め、「傍線部の前後3行」から始めるのもお勧めです。実際、息子は、「前後3行」から始め、それが習慣化したら「前後5行」に改めました。ただし「前後5行」以上は範囲を広げませんでした。読み返す量を限定することで「せめて前5行後ろ5行だけでもしっかり確認してね!」というメッセージを込めるためです。子どもも負担を感じることなく集中して取り組めるようになったようです。

テクニックで終わらせないために

「それなら、本文を読まず、最初から傍線部の前後だけ読めば早いのではないか？」

そう考える人がいるかもしれません。しかし、傍線部の前後5行に必ずしも根拠がある問題ばかりとは限りません。たとえば、物語文で、傍線部の前後に出てきた登場人物「A子」と「B子」の関係は、姉妹、親戚、友人、先輩後輩、それとも初対面なのか、それらの関係性が傍線部の前後に必ず書いてあるという保証はありません。

こんなケースもあります。「サッカーをした時の気持ちを答えなさい」という問いがあったとしましょう。傍線部の前後にはサッカーを楽しんだ話しか書いていなかったため、「サッカーをして楽しかった」と答えました。しかし、ページを少し戻ると、サッカーをする前にチームメイトと大喧嘩《げんか》をしたことが書いてありました。その場合には、サッカーを単にスポーツとして楽しんだという要素以外にも触れなければならない登場人物の気持ちがあるはずです。

ほかにも、論説文では筆者の主張が本文の最初や最後に述べられることはよくあります。最初から傍線部の前後5行しか読まないのは、あまりに危険です。

でも、安心してください。「基本の3ステップ」を取り入れれば、すでに子どもは、「本文を読む」ための練習で「ステップ① 本文を3行でまとめる」手順を踏んでおり、本文全体をつかんでいます。このステップがあれば、傍線部の前後だけを確認して勉強を終わらせることはできません。

「本文を3行でまとめる」と「傍線部の前後5行を読む」、この二つのステップが組み合わさることで、安直に答えさせないための仕組みが整っています。

基本の3ステップ その2

問いを読む
⬇
ステップ② 傍線部の前後5行を読む

ステップ③ 根拠に線を引く

作問者が問題を作成する時、本文のどこかに必ず答えの根拠を設けます。では、根拠はどこに書いてあるのか？ テキストの解答解説を読み解くと、どうやら答えの根拠は傍線部付近に多くあるようです。そこで日々の勉強に、「ステップ② 傍線部の前後5行を読む」を加えました。

しかし、仮に傍線部前後から正しい根拠を探し出したとしても、必ずしもそれが正解に結びつくわけではありません。なぜなら、参照する根拠の場所が子どもの目にはっきりと見えないからです。

「だいたい、この辺りに書いてあることを見て選択肢を選んでみよう……」

「この辺が根拠になるから、この辺のことを記述に書いてみよう……」

などと、漠然と数行を根拠として答えるようでは、従来の答え方と変わりません。では、根拠として自分が選んだ部分を、もっとはっきりと意識できるようにするためには、どうしたらいいのでしょうか。

それなら、答える前に、「これが根拠だ！」と自分が考えた根拠の場所にしっかり線を引き、線を引いた場所を見て答えるようにするのはどうでしょう。

ステップ③　根拠に線を引く

ポイントは、実際に鉛筆で線を引いて根拠を見やすくすること。「答えが書いてあるのはだいたいこの辺り……」と、ざっと把握するだけではダメです。**「ここを根拠にする！」と決めた部分に鉛筆で線を引く。そして、自分が線を引いた根拠を見て答えを書く**のです。

すると、

「どこに線を引こうか？」

「どこからどこまで線を引くべきか？」

「線を引く場所はここだけでいいのか？　ほかにはないか？」

と、子どもは必死になります。その必死さこそがまさに、「**本文をちゃんと読み、本文から根拠を特定し、特定した根拠を参照して答える**」ということを目指している証拠です。

前にも述べましたが、残念ながら「ステップ②　傍線部の前後5行を読む」を実行しても、根拠を見つけられないことがあります。傍線部付近に答えの根拠が書かれていない場合です。

たとえば、「傍線部①『あの時』とは、どのような時のことですか？」という問題があるとします。この場合、答えの根拠は傍線部よりかなり前にある可能性があります。こうなると、「ステップ②」の範囲内では根拠を探せません。

ほかにも「本文全体を読んで、筆者の主張と考えられる選択肢を選びなさい」と問われたら、そもそも傍線部がないため、「傍線部の前後5行」に戻れません。

このような問いに直面した時、今までなら、本文から根拠を探すことを諦め、空想や妄想、思いつきや感覚で答えたかもしれません。しかし、次の「ステップ③　根拠に線を引く」があれば、子どもは問題に答える前に必ず根拠に線を引いてから答えなければなりません。

根拠を探す範囲を広げ、諦めず、粘り強く探す。そうすれば、空想や妄想、思いつきや感覚では答えなくなるはずです。

基本の3ステップ　その3

問いを読む
⬅
ステップ②　傍線部の前後5行を読む
⬅
ステップ③　根拠に線を引く
⬅
問いに答える

根拠探し＝国語の勉強

「そもそも、国語が苦手なのだから根拠が探せない」

そんな声も聞こえてきそうです。息子もそうでした。しかし、国語は、

本文をちゃんと読み、
本文から根拠を特定し、
特定した根拠を参照して答える

ということ無くして、正解にたどり着くことはありません。国語ができるようになりたいのであれば、そのための練習を繰り返しましょう。

試験当日、子どもは初めて見る文章、問題に挑みます。それでも、本文をちゃんと読み、本文中から作問者が設定した根拠を見つけ、見つけ出した根拠を参照して答えを導き出すというステップをいつものように実践すれば、どんな難解な文章が出されても恐れなくなると思います。

まずは、自分で根拠を探して線を引いてみる。その習慣化が、国語を解く第一歩となるのです。

第3章 家で、塾を生かす

国語が得意な娘のノート

中学受験をする子どもの多くは、塾に通っているでしょう。しかし、「塾に行っても成績が上がらない」「塾に行っても国語がわからない」。そう悩む子どもが多くいます。

では、そもそも塾で子どもは何を学んでいるのでしょうか。ここで、国語が得意な娘のノートをのぞいてみましょう。ノートには、黒板に板書されたものだけでなく、先生が口頭で説明した読解のポイントから小話までがちょこちょことメモされています。

そこには、次のようなことが書かれていました。

「書いてないことは選ばない！」

「原因はめいかくにしてかく」

「まとめを探す」

「詳しくかく」

「どこを指すのか、かくにん」

「対比をさがす」

「背景、出来事」

「因果関係」

「接続詞にちゅーもく」

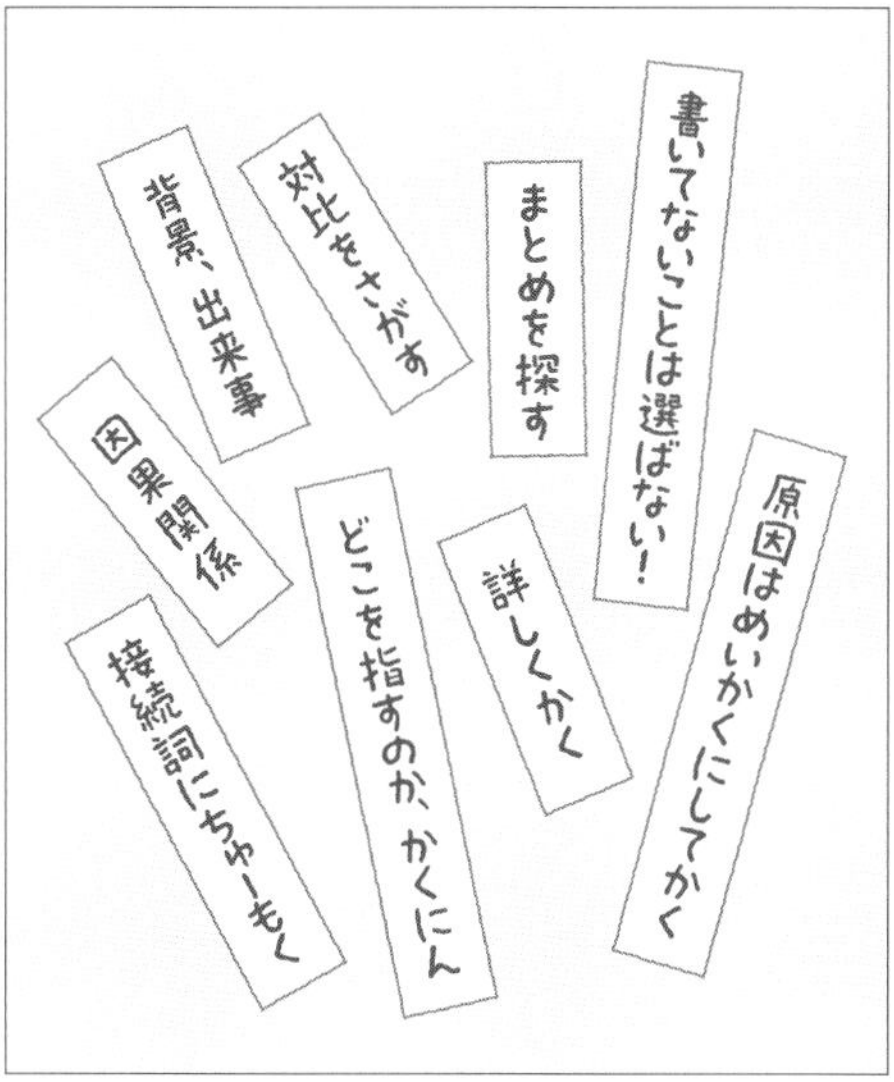

このほかにも、「近くを見る」「主語！」「性格をよみとる」「本音と建前」「言い換え」「同じところを探す」「キーワードに注意」「体験とまとめを分ける」「ひっくり返す」「プラスとマイナス」「傍線部のそば」「具体とまとめ」「段落整理」などといったメモもありました。

先生の言葉を書き取ったため、ひらがなと漢字に規則性がなく読みにくいものがあったり、「ひっくり返す」といった意味不明の言葉も出てきたりしています。

定型で解いて、初めて生きる「塾」

塾は子どもに何を教えているのか、ノートを見ながら国語が得意な娘に聞いてみました。

接続詞にちゅーもく

たとえば、ノートにあった「接続詞にちゅーもく」のメモ。これは論説文で、「筆者の主張は『つまり』『このように』などのまとめの接続詞のあとに書いてあることが多いよ」と言われたから急いでメモしたそうです。

論説文で「筆者の主張にふさわしいものを次の選択肢の中から一つ選びなさい」という問題があったとします。塾の教えを思い返せば、「つまり」「このように」といった接続詞を探すことで、線を引くべき根拠が見つけられそうです。

また、筆者の主張は本文の要です。そう考えると、「ステップ① 本文を3行でまとめる」の時にも、接続詞に注意するという塾の教えが使えそうです。

背景、出来事

「背景、出来事」というメモ書きもありました。娘によれば「登場人物の気持ちは、登場人物の置かれている背景や出来事を確認してから答えよう」と言われたとのこと。物語文で「傍線部㋐『笑顔を見せた』時の主人公の気持ちを六十字以内で説明しなさい」という問いがあったとします。本文のどこを根拠と考え線を引くのか。それはまさしく、笑顔を見せた時の「背景」であり、「出来事」の部分です。塾の勉強を思い出して背景や出来事に線を引き、線を引いた部分を参照して順番に記述すれば、解答欄を空欄にすることはありません。

このように、塾での学びは、

「ステップ①　本文を3行でまとめる」

「ステップ③　根拠に線を引く」

に取りかかる時に生かすことができます。


つまり、**これらのステップに取り組む時、塾での学びを思い返しながら取り組めば、**

塾での学びを自分の国語力に転換できるというわけです。ですから、もし子どもが「本文を3行でうまくまとめられない」「線を引く根拠が探せない」と悩んでいたら、親はこう声かけします。

「塾で先生が何かヒントを言っていなかった？」

そうすれば、家でも、子ども自身が主体的に塾での学びを生かす機会を作ることができます。

市販の問題集で勉強している場合には、塾で教えることと同等のことが解答解説の解説部分に書いてあるはずです。それを熟読し、その中からステップ①や③で生かせるものがないかを考えましょう。

もちろん、一朝一夕には進みません。しかし、「基本の3ステップ」を繰り返すことで、塾に行ったり問題集の解答解説を読んだりした時、

「先生の言ったことは、本文を3行でまとめる時に使えそう！」

「これは根拠探しのヒントになるな！」

と、ちょっとでも思うようになる。そしてそれをメモするようになれば、その子どもはきっと変わります。

確認！「基本の3ステップ」

「本文をちゃんと読む」ということは、多くのポイントを同時におさえなければならない難解な作業。ですから、親が思っているほど子どもはきちんと本文を読んでいない可能性があります。そのため、何か簡単で定型的な仕組みで勉強しないと、出題内容やその日の調子によって、取り組みに差が出てきてしまうのは明白です。

「基本の3ステップ」は、従来の勉強に、

ステップ① 本文を3行でまとめる
ステップ② 傍線部の前後5行を読む
ステップ③ 根拠に線を引く

という3つのステップを組み込むだけで、すべての国語の問題を解く準備が整えられます。組み込む場所をわかりやすくチャートにすれば、次のようになります。

本文を読む

↓

ステップ①　本文を3行でまとめる　（塾を生かす）

↓

問いを読む

↓

ステップ②　傍線部の前後5行を読む

↓

ステップ③　根拠に線を引く　（塾を生かす）

↓

問いに答える

もし、国語に悩んでいるならば、3つの定型ステップを習慣化してみてください。
そして、塾での学びを生かすのは、ステップ①と③の時です。

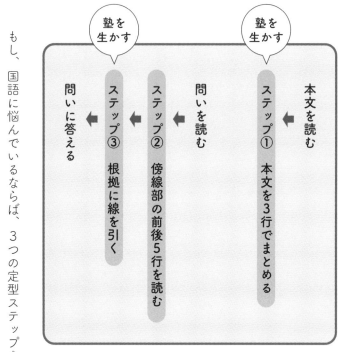

塾では、「本文を3行でまとめる時に使えそう！」「根拠探しのヒントになるな！」と思ったら、そのポイントをちょこちょこと書き溜《た》めて、家では、その学びを生かしながらまた「基本の3ステップ」で解いていきましょう。

ジャンル不問、出題形式不問の3ステップ

「物語文は、本文中に根拠がない」

「論説文は、傍線部の前後5行には、答えに無関係のことしか書かれていない」

と思われるかもしれませんが、そんなことはありません。「基本の3ステップ」は、ジャンル不問で使えるはずです。

また、

「選択肢問題は、根拠が傍線部付近に絶対に書いていない」

「記述問題は、本文中に根拠がない」

ということもありません。「基本の3ステップ」は、出題形式不問です。

「基本の3ステップ」を習慣化するためには、塾で解いた問題や定期テストや過去問

の解き直し、問題集にある初めて解く問題に取り組むなど、家で勉強する長文読解を「基本の3ステップ」で解いてみてください。

頭を使って3行にまとめたり、根拠を懸命に探したり、線を引いたりすれば、みっちり勉強できます。すると、勉強が主体的な学びになります。**主体的に学べば、国語が楽しくなります。**時間はかかりますが、この好循環が起きることで、きっと子どもは変わるはずです。さらに、反復して習慣化できれば、試験本番でも落ち着いて答えを導き出せるはずです。

本書の冒頭で述べたように、「毎日が充実していて、中学受験して本当によかったね。それにしても、あんなに国語ができなかったのに、現代文は結構いい成績がとれているね。受験勉強を始めた時の、あのひどい成績はなんだったの?」と言う私に、息子はこう答えました。

「あ、あれ、国語が全くできなかった頃ね。あの頃は、本文をちゃんと読んでいなかったから」

実は、そのあとに続きがあります。

「でも、前後5行のやり方に変えたら、どうにか乗り切れた」

第4章

子どもが変わる声かけ

習慣化を阻む壁

「基本の3ステップ」を家での勉強に取り入れれば、我が子の国語への取り組み方が少し変わるのではないか。そう感じていただけたとしたら、きっと自分の子どもに3つの定型ステップを説明してくださることと思います。

そして、子どもに次のような変化がどれか一つでも起きれば、「ちゃんと読む」ことを意識し出したと言えるでしょう。

・本文を一読する時、「あとで、これをまとめなきゃいけないんだな」と、まとめることを意識して読むようになる

・本文を読み進める中で傍線部が出てきたら「あとでこの傍線部の前5行後ろ5行をまた読むのだな」と思うようになる

・傍線部を読む時に「傍線部の前後に、自分が線を引くべき根拠はあるのかな？」などと考えながら読むようになる

劇的な変化は見込めません。すぐにテストで100点がとれた！といったことはもちろんありません。しかし、その意識を持続させ習慣化できれば、子どもの国語力にはきっと変化が生じるはずです。

しかし、ここで大きな壁にぶつかります。それは、子どもに習慣化を阻む「めんどくさい」「嫌だ」という気持ちがあるからです。

「えー、本文を読んだあと、3行で簡単なまとめをしなければいけないのか。面倒くさーい」

「はー、問いに答える前に、傍線部の前後5行をまた読んで確認するのか」

「ふー、問いに答える前に、根拠に線を引くのかー。いちいち線を引くのは嫌だな」

子どもの立場からしたら当然の感情です。今までの勉強にさらに作業をプラスすることを求められるのですから。

我が家の場合は、九九のリズム

我が家の場合も、息子だけに勉強を任せてしまえば、習慣化は難しかったかもしれません。そこで、国語に関してだけは腹をくくり、私自身の人生最大の課題と位置づけました。そして、三日坊主にならないよう、息子と私にフィットする習慣化の方法を必死で考えました。

息子の性格上、

「本文を読んでまとめなさい」

「傍線部前後5行を読みなさい」

「根拠に線を引きなさい」

と私が指示していても、指示された時はできますが、

「あっ、まとめ忘れた」

「あっ、線を引き忘れた」

と言って、継続できないことは想定内です。第一、指示されたことをこなすのは、受

け身の勉強。楽しくありません。ふてくされた顔で嫌々ステップをこなすだけの息子を見れば、私もイライラ。つまらない親子喧嘩に発展することは目に見えています。

自発的な姿勢で「基本の3ステップ」を習慣化させるためには、パブロフの犬、条件反射しかない！ そして考え出したのは、親子でやった算数の九九の暗唱のイメージです。

親「ににんが」

子「し！」

親「さぶろく」

子「じゅうはち！」

間髪いれない親の声かけに、子どもも負けじと競って答えて遊ぶように学んだ、あの九九のリズムを国語に応用しました。

息子が本文を読み終わったら、私はすかさず声かけ。

「本文を3行でまとめて！」

息子が問いを読み終わったら、私はすかさず声かけ。

「本文戻る！　前5行後ろ5行！」

息子が傍線部の前後5行を確認し終わったら、私はすかさず声かけ。

「根拠に線引いて！」

隣にいる私が、テンション高く陽気な声で語尾を上げて、テンポよく叫ぶものですから、息子は慌てて「基本の3ステップ」に取りかかります。試験本番までの3か月間は毎日この声かけで国語に取り組みました。そのうち「**声かけされていないのに、お母さんの声が聞こえる**」と、嫌みを言われるほどに。

しかし、まさにこれが、「基本の3ステップ」が習慣化された証拠でした。しかも、私の間髪いれないテンポよい進行で、だらける時間もありません。

その結果、なんと国語の勉強時間は半減。成績も安定し出し、最後の模試では4教科中、国語が一番高い得点をあげることができました。こうして、親子にとって苦しいはずの国語を陽気に乗り切ることができたのです。

オリジナル、大歓迎！

我が家の場合は、親が隣につきっきりでしたので、条件反射の九九のリズムによる声かけで進行しました。もし本書を読んで3つのステップを習慣化させたいと思ったら、「基本の3ステップ」を参考にしながら、各々の家庭で子どもに合ったオリジナルの手順で伝えることも大歓迎です。

たとえば、

・我が子には視覚的に訴えたほうが効果的だから、勉強中に見えるように手順を書いた紙を机の上に準備しよう。いつも目にするように部屋とトイレにも貼っておこう

・めんどくさがり屋の我が子には、どんな話だったのか、本文の内容を毎回、簡単に口頭で説明してもらおう

・勉強中、ずっと付き添うのはほかにもきょうだいがいて無理だから、勉強が終わったあとで、「どんな話だったのか」「根拠に線を引けたか」だけ必ず確認しよう

・反抗期で親の話を聞かなくなっているから、国語の問題を解く前に、軽く「傍線部の前後は怪しいよ！　だから、チェックと線引きをよろしく！」とだけでも言っておこう

本書を手にしてくださった方が、「基本の3ステップ」を、どのようなメッセージ

で子どもに伝えるか、習慣化に向け、どう粘り強く伝え続けるか。

そして、

「子どもへの愛と熱意で、とてつもなく面白く効果的な方法を編み出すのではないか」

「その子どもは『基本の3ステップ』を習慣化し、ぐんぐん伸びていくのではないか」

などと考えながら、私はとてもわくわくしています。

column 1

息子と娘の違い

私には、国語の得意な娘もいます。ふたりの国語の勉強に付き添う中、息子と娘には、ある違いがあることに気がつきました。

皆さんがご存じの『おおきなかぶ』（福音館書店）という絵本を題材にお話ししましょう。『おおきなかぶ』は、とてつもなく大きなかぶが生えていて、おじいさんだけでは抜けずおばあさんを呼び、それでも抜けず孫娘を呼び、それでも抜けずイヌ、ネコ、ネズミを呼び、やっとかぶが抜けたというお話です。

【問】

「どうしておじいさんはおばあさんを呼んだのですか？」

【解答】

「とても大きなかぶを抜こうとしたが、ひとりでは抜けず、おばあさんを呼んで一緒にかぶを抜こうと思ったから」

仮に、ふたりとも、「おばあさんと一緒にかぶを抜くため」としか解答できなかったとしましょう。私が「どこを間違ったの？」と聞いた時、ふたりはそれぞれこう答えるでしょう。

息子「かぶが大き過ぎて抜けなかったことを書いていなかった」

娘「背景ときっかけを書き忘れたから」

息子の説明では、『おおきなかぶ』の問題に通用しても、ほかの問題では通用しません。一方、娘の説明は、間違いの原因が一般化されていて、ほかの問題を解く時にも使える言葉に置き換えられています。

もう一つ、簡単な例で説明しましょう。「筆者の主張を○字以内で述べなさい」という論説文の問いがあったとします。

筆者の主張はたいてい、「このように」「つまり」「ようするに」「したがって」など、まとめの接続詞の後ろに書かれています。この問いには、「つまり」が使われていました。仮に、「つまり」を見つけられず、正解できなかったとします。

この時、「『つまり』を探せば答えられた」とだけ考えれば、ほかの接続詞が出てきた時、また不正解になりかねません。しかし、「筆者の主張はまとめの接続詞を探す」と考えれば、次の問題で「このように」「したがって」など、「つまり」以外のまとめの接続詞が出てきた時に、立ち止まって考えることができます。

国語の問題を解くには、汎用性のあるポイントから考える必要がある。まずは、このことを、子ども自身が理解することが重要です。

そして塾では、個別の問題を題材として、汎用性のあるポイントを説明してくれています。ですから塾に行ったら、授業からそのポイントをたくさんストックする。そして、ストックしたポイントを使って問題を解いていく。

この経験を積み重ねることができれば、読解力を高める鍵を一つ手にしたことになるのではないでしょうか。

第2部

選択肢問題の手順

第1章

息子の選択肢問題

お得意の連想ゲーム

第2部では、「本文の内容にふさわしいものを選びなさい」という選択肢問題を例に解説していきます。

こんなことがありました。

「目頭が熱くなる」という慣用句があります。『例解新国語辞典』第十版　シロクマ版（三省堂、2021年）によると、「感動するなどして、目になみだがにじむ」とあります。この慣用句が選択肢問題で出題されました。

問題

「目頭が熱くなった」時の主人公の気持ちを、次の選択肢の中から選びなさい。

息子は「目頭」が体のどこの部分なのかも、そして「目頭が熱くなった」という慣用句の意味も知りませんでした。そこで、まず、体のどこだかわからないけれど、目のことを言っているのかな、と想像したそうです。さらに、自分なりに機転を利かせ「熱い」という言葉が何を意味するのか、連想したそうです。

「熱くなれば、赤くなる。目が赤くなっているから怒っているのだと思う」

と、主人公が怒っているという選択肢を選びました。当然、答えは不正解です。

国語は連想ゲームではありません。 本文をちゃんと読めば、「目頭が熱くなる」という慣用句の前後には、主人公が怒っている様子ではなく、感動する出来事や涙を誘うような場面が描かれていたことでしょう。慣用句の意味がわからなくても、もし息子が自分の連想を一旦脇に置き、慣用句の前後の文章をしっかりと読んで、そこから答えの根拠を探し、その根拠をもとに選択肢を選んでいたら……。

絶望的な選択肢

「そんなこと、どこに書いてあるの？」
「あれ？　どこに書いてあったかな……。あっ、書いてなかった」
「どうして本文に書いていない内容の選択肢を選ぶの？」
「なんとなく、こっちだと思ったから……」

これは、選択肢問題をめぐり、息子と私の間で何度となく交わされた会話です。

確かに、選択肢は選択ミスを誘うよう、わざと紛らわしい言葉を使って作成されています。正解の選択肢が、本文と全く同じ文章であれば気がつくかもしれませんが、そこまで簡単な問いはそうありません。難易度が上がれば微妙な言葉の違いを読み取る必要もあり、子どもが正解を選ぶことはそれなりに難しい作業です。しかし、正解は選択肢の中のどれかです。記述問題とは違い、答えを一から自分で考える必要はなく、本文の内容に合致した選択肢を選ぶだけでいいのです。だからこそ、私は口調を荒げます。

「本文をちゃんと見て答えを選びなさい！」

第2章 発見！　選択肢問題、解決の糸口

「あれ？　選択肢しか見ていない！」（解決の糸口①）

それは、いつものように息子の隣に座り、テキストの解答解説を片手につきっきりで国語を教えていた時のことでした。「あー、また本文に書いていないことを選ぶのかな……」と、半ば諦めの境地で横顔を見ていると、はっと気がつきました。

「あれ？　選択肢しか見ていない」

なんと息子の視線は選択肢にくぎづけになっていたのです。たとえば、選択肢①〜⑤の中で、ふさしいものを一つ選ぶ問いがあったとしましょう。問いを読み、さらっと本文を確認したあと、息子は選択肢①〜⑤に一通り目を通します。問題はそのあとです。5つの選択肢を「こっちかな」「いや、こっちかな」と言いながらとっかえひっかえ見比べているのです。本文に何が書いてあったのかはそっちのけ。息子の視線は

完全に選択肢だけに集中し、選択肢同士をひたすら見比べていたのです。

でも、考えてみてください。前にも述べましたが、選択肢はミスを誘うよう、わざと紛らわしく作問されています。そんな選択肢同士を見比べれば、紛らわしさに惑わされます。

せっかく2択にまでは絞れていたにもかかわらず、最後の選択でミスをしていることも多くありました。

「②かな……。でも、④も正しい気がするのだけどな……。でも、やっぱり、②かな……。でも、④も捨てがたいんだよね……。でもやっぱり②にしようかな……」

あと一歩で正解にたどり着けるというのに、息子の視線は紛らわしく作問されている二つの選択肢を行き来するだけ。結局、自ら進んでその罠《わな》に飛び込んでいき、不正解を選んでいました。

根拠と選択肢を見比べる

作問者は、選択肢問題の答えを作る時にも、必ず本文中に根拠を設定し、根拠をもとに、正解の選択肢を作ります。それなら、やるべきことは一つです。**正解に近づきたいのであれば、選択肢と選択肢を見比べるのではなく、根拠と選択肢を見比べて答えを選ぶ**だけです。

そのためには、子どもは自分の視線を、根拠と選択肢の間で行ったり来たりさせなければなりません。次のような流れです。

本文中から答えの根拠を特定する

⬇

根拠と選択肢①〜⑤をそれぞれ順に見比べる
（場合によっては2択程度に絞り、根拠と選択肢、それぞれを見比べる）

⬇

より根拠に近いと考えられる選択肢を選ぶ

このような流れで選択肢問題に解答すれば、紛らわしく作問されている選択肢同士を見比べなくなり、正解に近づけるのでは。これはきっと、息子の選択肢問題の解答方法を大きく改善する糸口になるはずです。

「何がわからないのか、わからない」（解決の糸口②）

根拠と選択肢を見比べて答えを出すことができれば、正解に近づけそうです。しかし、息子の選択肢問題はそれだけで解決するほど簡単なものではありませんでした。

根拠と選択肢を見比べるようにさせても、いまひとつ息子はピンときていない様子。「どうしたら、選択肢問題ができるようになるのだろう……」、そう思いながら、私は息子の隣に座っていました。

相変わらず、自分の勝手な思い込みや解釈で答えを選び、不正解の息子。説明する気力も無くした私は、こう問いかけました。

「選択肢の何がわからないの？　選択肢の何に引っかかっているの？」

息子はこう答えました。

「**何がわからないのか、わからない**」

予想はしていましたが、実際に息子の口からこの言葉を聞いた時、正直、絶望感でいっぱいになりました。

自分がわからないことがわからなければ、克服すべき課題もわかりません。克服すべき課題がわからなければ、現状を維持するしかありません。学年が上がって問題が難しくなれば、現状維持どころか、成績低下の危機です。そんな状態で塾に通っても、塾の勉強を生かすことはできません。そしてそんな空《むな》しい時間は、息子にとっても辛《つら》い時間になるだけです。

もしも「あと少しでわかりそうだ！」といった感触がちょっとでもあれば、かすかな光が見えます。さらに、「あっ、それがわかれば解けたのか！」と気づくことができれば、息子は自分の課題を意識でき、選択肢問題を改善できます。

そう考えると、選択肢問題を本当の意味で克服するためには、**まずは、自分は選択肢問題の何がわからないのか、頭の中を整理してあげる**必要があります。

頭を整理するキーワード、「根拠で○×、答えで○×」

作問者は本文中に問いの根拠を設定し、その根拠から答えを作成しています。そこでまず、正しい根拠が選べたのかどうかを確認しなければなりません。もし、正しい根拠を見つけられたにもかかわらず答えが間違っていたとしたら、根拠から答えを導き出すプロセスに改善の余地があることがわかります。

つまり、国語の勉強は、

1　根拠が合っているかどうか

2　答えが合っているかどうか

この二つのポイントでチェックする必要があります。そう考えると、子どもが抱える課題も大きく二つに分けられます。

1が不正解なら「根拠探しに失敗したこと」が課題

1が正解で2が不正解なら「根拠と答えを結べなかったこと」が課題

今までの息子は、本来なら別々にチェックしなければならない課題をごちゃ混ぜにして考えてしまい、混乱していました。それなら、**根拠で○×、答えで○×をつけ、自分の頭の中を整理**すればよいのです。

解決の糸口は二つあるが……

・根拠と選択肢を見比べる
・「根拠で○×、答えで○×」、頭の中を整理する

この二つをクリアすれば正解に近づけると思った私は、何度となく言いました。

「根拠と選択肢を見比べて答えを選んでね！」

「間違ったのはしかたがないけれど、何がわかれば次に解けるようになる？」

私がそう言えば、その直後、息子は根拠と選択肢を見比べようと意識していたし、自分が間違った原因を考えようとしていました。しかし、それもつかの間、気がつくとまた選択肢と選択肢を見比べています。

「③かな……、④かな……。でも、何か違う気がするんだよな……。やっぱり、③かな……」

と、答えを選べず焦れば焦るほど、選択肢同士をより一生懸命見比べます。当然、答えは不正解。不正解の原因を考えようとするも、私がうっかり目を離すと、解答解説を読むだけでわかった気になり勉強はおしまいです。

私が、

「根拠と選択肢を見比べなさい」

「不正解の問題からわかったことがあれば、それを次に生かしなさい」

と、どんなに言っても、それを習慣化することができず、決定的に選択肢問題を改善する一手にはなりません。やはり、息子を変えるためには、血豆を作る逆上がりの練習のような、何か別の効果的な、家での反復学習が必要なのだと思わざるを得ませんでした。

逆上がりができるようになるのは、鉄棒を握りしめ、血豆を作りながら何度も何度も足で地面をけり上げて練習するからです。習慣化できないのであれば、同じように家で何度も何度も繰り返し練習するしかありません。しかし、同じ問題を繰り返し解いても、答えを覚えてしまえば意味がありません。算数のように数値だけを変えた類題もありません。もちろん、今までのような勉強を繰り返すだけでは、何も変わりません。

何度も何度も繰り返して習慣化してほしいのは、次の二つです。

・根拠と選択肢を見比べる動作
・「根拠で〇×、答えで〇×」、頭の中を整理する動作
それなら、選択肢問題を解く時、この二つの動作をとらざるを得なくなる定型的な勉強の手順を作るのはどうでしょう。

第3章

選択肢問題の手順

「選択肢問題の手順」＝「基本の3ステップ」＋「見直し2ステップ」

選択肢問題を解く時、習慣化すべきは、二つの動作。**根拠と選択肢を見比べる動作**と、**「根拠で○×、答えで○×」、頭の中を整理する動作**です。

この二つの動作を習慣化するためには、選択肢問題に特化した練習が必要です。さらに欲を言えば、塾で習ったことを生かして勉強を進めることができれば理想的です。そこで、「選択肢問題の手順」では、第1部で述べた「基本の3ステップ」に、選択肢問題に特化した二つの見直しステップを組み込みます。

ここで、「基本の3ステップ」を確認しておきましょう。次の「ステップ①～③」です。

本文を読む

↓

ステップ①　本文を3行でまとめる

↓

問いを読む

↓

ステップ②　傍線部の前後5行を読む

↓

ステップ③　根拠に線を引く

↓

問いに答える

この手順で勉強すれば、本文を3行でまとめるために本文をちゃんと読み、傍線部付近を中心に根拠を探して線を引き、線を引いた根拠を参照して答えを導き出すことができます。

手順を習慣化するためには、回数多く練習するのが一番です。使用する教材は何でもOK。

・塾のテキスト
・模試
・過去問
・市販の問題集

これらを使って家で取り組む選択肢問題はすべて「基本の3ステップ」で解いてみてください。

根拠と選択肢を見比べられるようになる

「いやいや、根拠に線を引いただけでは無理でしょう」

と思われるかもしれません。

しかし、根拠に線を引くことは、子どもに意外な変化を与えます。もし、根拠に線

を引かず答えようとすると、

「だいたいこの辺りに根拠が書いてあるかな」

「このページの真ん中辺りが根拠かな」

「この辺りの内容と同じ選択肢はどれだろう？」

などと、子どもは考えます。


これでは、根拠の場所を大雑把に把握しているだけなので、根拠と選択肢の比較があいまいになり、大事な要素の見落としや勘違いが起こります。また、自分の空想や勝手な解釈といった余計なものも入りがちになります。最悪のケースでは、本文から根拠を探すこともなく、選択肢だけを見て答えてしまうことも考えられます。


一方、根拠に線を引いた場合は、どうでしょう。

「どこからどこまで線を引けばいいかな」

「あっ、線を引き過ぎた。ここは根拠じゃなかった」

「ほかにも線を引く場所はあるかな」

というように、どこに線を引こうかと、本文をしっかり確認しながら読み進めるようになります。

本文を意識しながら読み進めれば根拠への理解も進み、正解の選択肢を選びやすくなります。実際、選択肢問題で根拠と選択肢を見比べて比較検討する時にも、根拠に線が引いてあるのですから、比較する先が目で見てわかりやすくなっています。根拠と選択肢を見比べる動作がしやすくなるのです。また、線を引いた根拠と選択肢を一言一句丁寧に比較できるので、より正確な検討もできます。

中学受験をするのは小学生です。どんなに精神年齢が高くても、まだまだ、幼い部分があります。線を引くことは、私たち大人が思う以上の効果を子どもに与えてくれます。

「いやいや、そもそも、そんな簡単に根拠を探せないでしょう」

とも思われるかもしれません。もちろん私もそう思います。実際、息子もそう簡単に根拠を探せませんでした。間違った根拠の場所に線を引けば、当然、答えは不正解。そもそも、国語が苦手なのですから、線を引く場所すら特定できない可能性もあるでしょう。

しかし、繰り返しますが、試験本番、子どもは自分で根拠を探し出し、根拠から答えを導かなければなりません。根拠が見つからなければ、答えがわかるはずがないのです。正しい根拠を自力で探し出すこと抜きに国語は解けません。

まずは選択肢問題も、「基本の3ステップ」で、失敗を繰り返しながらも、本文理解を進めながら懸命に根拠を探し続けていきましょう。

選択肢見直しステップ① 根拠で○×、答えで○×

続いて、「選択肢見直しステップ」について説明しましょう。

「選択肢の何がわからないの？ 選択肢の何に引っかかっているの？」

「何がわからないのか、わからない」

という状況から一刻も早く脱出するためには、子どもの頭の中を整理する必要があります。前にも述べましたが、国語の勉強は、

1 根拠が合っているかどうか

2 答えが合っているかどうか

この二つのポイントでチェックすべきものです。そして、それぞれの正誤をチェッ

クすれば、解決すべき課題が異なることもわかってきます。

1が不正解なら「根拠探しに失敗したこと」が課題
1が正解で2が不正解なら「根拠と答えを結べなかったこと」が課題

本来なら根拠と答え、別々に正誤を確認しなければならない課題です。それなのに答えにだけ○×をつけようとするから、子どもは混乱するのです。そこで、**根拠と答えの正誤を別々にチェックする**ことで、頭の中を整理させます。そうすれば、「選択肢問題の何がわからないのか、わからない」といった悩みを抱えていた子どもでも、自分の克服すべき課題を見つけやすくなります。

選択肢見直しステップ①　根拠で○×、答えで○×

実際、息子も根拠と答えの正誤をそれぞれ別々にチェックし始めると、

「あ、根拠の探し方が間違ったんだな。根拠の探し方はどうだったかな……」

「あー、根拠は探せていたんだ！　根拠をよく見て答えれば、答えられたかもしれな

い！」

と、頭の中で徐々に自分の選択肢問題の課題を整理していくことができるようになりました。

根拠の答えは解説にある

「ところで、線を引いた根拠が正しいかどうかは、何を見ればわかるの？」

根拠の正誤は、テキストの解答解説の「解説」を見ます。

「解説」を読んでみると、傍線部を引用した言葉が多く出てくるのがわかります。

・傍線部①の直後には「――」とあるように
・傍線部②のある段落の最初を見ると「――」と書かれており
・傍線部③の直後の段落の「――」から考えると

これが、子どもが線を引くべき根拠です。もちろん、根拠の場所が必ずしも明確に括弧書きで記載されているとは限りません。「傍線部」という言葉を用いずに、ページ数や行数で表記されていたり、根拠の内容をまとめて紹介していたりすることもあります。しかし、解説を見れば、何を根拠にして答えが導き出されたのかがある程度特定できるようになっているはずです。もし、根拠が解説されていなければ、塾に「答えの根拠はどこになるのか」を聞いてみてもよいでしょう。

課題が見えれば、質問が変わる

このように「根拠で〇×、答えで〇×」をつければ、自分が克服すべき選択肢問題の課題が見えてきます。すると、今まで、

「問一がわからない」

というような漠然とした質問しかできなかった子どもが、

「問一は、どうしてここが根拠になるの？」

「問五は、解説にある根拠から、どうしてこの答えが導き出せるの？」

というように、少しずつ具体的な疑問をもつようになります。その**疑問を塾に質問すれば学習が一気に深まります**。

塾に行かず、市販の問題集を使って勉強する場合には、問題集についている解答解説を頼りに家での勉強を進めます。問題集選びの際は、本文中の根拠の場所、根拠か

ら答えを導き出すプロセスやポイントなどが具体的に詳しく書かれているものを選べば、根拠と答えの両方で○×がつけやすくなるでしょう。

選択肢見直しステップ②　次に気をつけることをメモする

選択肢問題を解いたあと、根拠と答えの正誤を別々にチェックすれば、自分が何を間違えたのか、頭の中を整理することはできます。しかし、本当に選択肢問題を克服したいと思ったら、不正解から自分の課題を見つけ出し、次に同じ間違いをしないように学ばなければなりません。次こそ自力で解けるように、自分は何に不正解で、不正解から何を学んだのかを明確にしておく必要があります。

それなら、どうして間違ってしまったのか、次に何に気をつければ同じ間違いを繰り返さないで済むのかを分析するステップを組み込むのはどうでしょう。

選択肢見直しステップ② 次に気をつけることをメモする

メモは、解答を書いたノートに書き込みます。

「メモする」ポイントは、次の二つです。

ポイント① 塾を生かすのは、まさにここ！

塾では、

・正解するために必要なポイント
・間違えやすいポイント

も教えてくれています。もしかしたら、子どものノートにも、そのメモ書きがあるかもしれません。また、塾のテキストや市販の問題集の解答解説にも、正解を導くためにおさえておいてほしいポイントが掲載されています。

そこで、塾の授業、解答解説、ノートのメモ書きなどをひっくるめ、**塾で勉強したことの中から「次に気をつけることをメモ」します**。そうすれば、子どもが塾での学びを振り返り、塾を生かしながら自分の課題を考えるきっかけが作れます。市販の問題集を使っている場合には、解答解説の中からメモする内容を拾い出します。

実際、息子は解答解説や塾の授業の時に書いたメモなどを読み返しながら、次に気をつけることを懸命に考えていました。

「えー、そういえば、対比の中身を確認しなさいって塾で言ってたかもしれないなー」

「あー、塾で言ってた、指示語の内容をまず確認するってこういう時に使うのかなー」

このような言葉が出るようになってきて、徐々に塾での勉強と家での勉強が結びつくようになっていきました。

さらにそこから一歩進むと、**塾の授業中も、自然と「メモする必要があるかどうか」、学習のポイントを気にかけるようになります**。今まで漫然と聞いていた授業に、スパイスを振りかけたようなぴりっとした反応が起きれば、大成功です。

ポイント②　メモは単語で！

メモは、簡潔明瞭であればあるほど本質に近づけます。また、記憶にも残りやすくなります。そこで原則、**メモは単語でＯＫ**。

「○○に気がつかず、○○を間違えて解釈してしまい、○○と思ってしまったから、次からは○○に気をつける」

「××を見落としていたから、見落とさないように前の段落も確認する」

というように長く理由を書く必要はありません。不正解の度に長く書いていたら、間違いなく国語が嫌いになります。それは絶対に避けたいこと。第1部にも記載した「本文を3行でまとめる」のようにできるだけ簡潔に、単語でメモします。たとえば、このような感じです。

問一	イ ✓	言葉の意味
問二	ア	
問三	エ ✓	出来事の順番
問四	ウ ✓	指示語
問五	イ	

＊「言葉の意味」……言葉の意味がわからず、意味を勝手に解釈して不正解だった場合
＊「出来事の順番」……時系列の把握ができず、出来事の順番を間違った場合
＊「指示語」……指示語が示す部分を確認し忘れて不正解だった場合

ともかく、負担を少なく、でも必ず「メモする」。これが大切です。

課題の確認は塾と共に

しかし、子どもがメモした「次に気をつけること」が適正であるか否かを、誰がどう判断するのでしょう。やはり、親が本文を読み、内容を理解し、テキストの解答解説を片手に子どもに教えなければならないのでしょうか。

答えはノーです。基本的に子どもが自分で見つけた課題をメモすることで完結です。子どもが自分でテキストの解答解説にある文章を読んで理解を深める力は、国語の本文をちゃんと読む時の力にもつながります。**塾の授業や解答解説を参考にして自分**

の間違いに気づき、自分で課題を見つけ、自力で改善していく。これもまた試験本番をひとりで挑む中学受験に向けて養わなければならない、必要不可欠な力です。

ただし、子どもが低学年だったり国語が極端に苦手だったりすれば、親の出番は多くなってしかるべきです。本人が考えた次に生かす課題が適切であるか、親がチェックしてもよいでしょう。その辺りはよく我が子を観察し、臨機応変な対応も必要です。

また、「間違った理由がどうしてもわからない」「次に生かす課題がわからない」という場面が出てくるかもしれません。そんな時は、塾で質問して選択肢問題の課題を見つけ出していきましょう。

・塾で質問する

・家で勉強したノートを塾で見てもらう

そうすれば、子どもの国語力を直接伝えることができるので、塾との距離も近づき、親も気がつかないポイントなど、よりきめ細やかな指導を受けられる可能性も高まります。翌週必ず塾にノートを提出すると思えば、「次に気をつけることをメモする」習慣が身につくようになるかもしれません。

塾は心強い味方です。教科ごとの専門的知識をもった先生が、熱心に子どもたちに向き合ってくれます。**塾を上手に活用しながら、少しずつ自力で考え、解く力をつけていく**。そして、試験当日は塾や親の手を離れ、ひとりで受験に挑む。そのように子どもを導くことも、親の大切な役割なのだと思うのです。

確認！「選択肢問題の手順」

「選択肢問題の手順」は、「基本の3ステップ」に二つの選択肢見直しステップをプラスするだけで、根拠と選択肢を見比べるだけでなく、塾の勉強を生かして自分の課題を明らかにしていくことができるようになる勉強の手順です。

問いを読む

⬅

ステップ② 傍線部の前後5行を読む

⬅

塾を生かす

ステップ③　根拠に線を引く

←

問いに答える

←

選択肢見直しステップ①　根拠で○×、答えで○×

←

塾を生かす

選択肢見直しステップ②　次に気をつけることをメモする

この手順で勉強すれば、子どもは本文への理解を深めつつ、自分の課題を整理しながら、塾の勉強を生かして少しずつ成長していくはずです。

そう、確かに、理論上はそうなるはずでした。

甘くなかった現実

「選択肢問題の手順」通りにやり続けてくれさえすれば、息子の読解力は大きく伸びたはずです。しかし、そんなに甘くはありませんでした。私は、二つの辛い現実を突きつけられたのです。

一つは、どうしても根拠と選択肢を見比べ忘れてしまう息子の姿でした。線を引いた根拠と選択肢を見比べれば、根拠と同じ内容の選択肢を選びやすくなり、選択肢問題の正答率も改善されるはずです。息子自身も納得していました。しかし、模試では正答率の低迷が続きます。どうやら、時間に追われたり答えがわからず焦ったりすると、結局、また選択肢同士を見比べるだけになってしまうようでした。

もう一つは、息子がどうしても「次に気をつけることをメモする」ことを忘れて、次の問題へと勉強を進めてしまうことでした。本当に、ついうっかりそのプロセスが抜け落ちてしまうのです。解答解説を読んでわかった気になることもあり、息子は「次に気をつけることをメモ」し忘れ、次の問いに進んでしまいます。「メモ」を忘れてしまえば、そこから学んだことを目で見てわかりやすくできず、自分の記憶に残すことができません。そうなると、また同じ過ちを繰り返すことになります。

やはり、相手は小学生。従来の勉強の手順に新しい手順を組み込んで習慣化することはハードルが高い作業でした。

辛い現実、シャウトではねのける

どうしたら、いつでも根拠と選択肢を見比べ、「次に気をつけることをメモする」ようになるのだろう。

私は悩み、考えました。

せっかく「選択肢問題の手順」を構築したのだから、それを習慣化できるようにサポートしたい。しかし、あまり多く口を挟んでしまえば、塾でもインプット、家でもインプットで、子ども自身が自分で学び取る機会を奪ってしまう。「選択肢問題の手順」を補うような何か効果的な働きかけはできないものだろうか。

そう考えていた時、ふとひらめきました。

ラッキーなことに、私はいつも息子の隣にいる。せっかく隣にいるのだから、息子の記憶に強烈なインパクトを残す何かをしようではないか。隣に座っている私にできること。**それは、大声で叫んで促す（シャウト）しかない！**部屋いっぱいに、陽気なシャウトを響かせるんだ！

シャウトするのは、この二つです。

根拠に書いてあることを選んでよ！

答えの選択肢を探そうとする直前に「根拠に書いてあることを選んでよ！」とシャウトして、根拠から答えさせる。

塾では何て言ってた？

「根拠で○×、答えで○×」をつけ終わり、不正解がわかったその直後に「塾では何て言ってた？」とシャウトして、「次に気をつけること」をメモさせる。

シャウトを加えたステップは、次のようになります。

問いを読む

↓

ステップ② 傍線部の前後5行を読む

↓

ステップ③ 根拠に線を引く

↓

親のシャウト「**根拠に書いてあることを選んでよ！**」

↓

問いに答える

↓

選択肢見直しステップ① 根拠で○×、答えで○×

↓

親のシャウト「**塾では何て言ってた？**」

↓

選択肢見直しステップ② 次に気をつけることをメモする

テンションとタイミングに全神経を集中！

「シャウト」という言葉を使った理由は、親の声を子どもの耳に強烈に残すことを伝えたかったためです。試験本番、親は子どもの隣でシャウトできません。しかし、聞こえるはずのない親のシャウトが聞こえたような錯覚に陥るくらい、子どもにインパクトを与えようと考えたのです。

シャウトはタイミングが非常に重要です。子どもが本文の中から根拠に線を引き終わり、**いざ、選択肢を選ぼうとするその瞬間、すかさずシャウトします**。シャウトのタイミングは、お餅つきの合いの手のようなものです。タイミングが早ければ杵《きね》にぶつかります。また、遅ければ、合いの手が餅と一緒につかれてしまい大けがです。シャウトも同様、タイミングが早ければ根拠探しの邪魔になります。また、タイミングが遅ければ、子どもは悪《あ》しき習慣で選択肢同士を見比べ始めます。

また、**シャウトは、絶対に命令口調はNGです**。子どもは、ただでさえ苦手な選択肢問題に懸命に取り組んでいます。せめて、**親からの言葉は「明るく、陽気なテンショ**

ン」を心がけます。

とにもかくにも、命令口調は避け、テンションとタイミングは完璧になるよう全神経を集中させ、子どもの耳に残るよう絶妙なタイミングで明るく楽しくシャウトします。

実際、私のインパクトのあるシャウトは息子の耳に残ったようで、「試験中、選択肢を答える時に、お母さんの声が聞こえる気がした」と嫌みを言われるまでになりました。しかし、それがまさに私のシャウト作戦が功を奏し、「選択肢問題の手順」が息子に習慣化された証拠でもありました。

「シャウト」のアレンジ

シャウトは、問いの内容によってアレンジが必要です。たとえば、「ふさわしくないものを選びなさい」という問いの場合、「根拠に書いてあることは選ばないでよ」「根拠に書いていないことを選んでよ」など、シャウトの中身を変えます。

ほかにも、次のようなアレンジがあります。

「塾では何て言ってた？」

と、シャウトするだけでも、十分な効果がありますが、我が家では少しアレンジを加えていました。二度と同じ間違いを繰り返させないために自分の課題をしっかりと考えてもらおうと「根拠で○×、答えで○×」の組み合わせによって、大きく3つのパターンを使い分けていました。

アレンジ① 根拠も答えも○だった時

「根拠も答えも正解、やったね！ 塾の先生が言った通りに解いたんだね！」

根拠も答えも正解していれば、普通ならこの問いは理解していると判断してよいでしょう。しかし、息子の場合、これを手放しで喜ぶのは時期尚早。「まぐれの正解」が考えられたからです。そこで、同じようなタイプの出題があった時にも慌てず答えられるようにするため、こうシャウトしました。

するとと、息子は、

「まとめてあった部分を探したら見つかったんだよ」

「ちょっと前を見たら、同じ内容が書いてあったから、そこを見たんだ」

などと話してくれました。プロセスを自分で説明できれば、安心できます。その時は、「えー、そうか！　よくわかったね！」と一緒に喜びました。

アレンジ②　根拠が○で答えが×だった時

「根拠が合っていたのに、惜しいね！　次に気をつけることは何？　塾では何て言ってた？」

せっかく根拠を探し当てられたのに、いざ選択肢を選ぶとなったら、何をどう解釈して間違えてしまったのか、子ども自身が自分で振り返れるよう、こうシャウトしました。

そして、「あと一歩だった！」という励ましを込めて「惜しいね！」「もう少しだね！」と、ポジティブな声かけでクロージングするようにしました。

アレンジ③　根拠が×だった時

「正しい根拠はどこ？　塾では何て言ってた？」

根拠が不正解であれば、答えが正解であったとしても、全くわかっていないという可能性が高まります。

まずは、解答解説で正しい根拠をしっかりと確認させ、どうして自分は正しい根拠を探せなかったのか、子ども自身が自分で振り返れるよう、シャウトしました。

隣に座れなくても

タイミングよい陽気なシャウトは、息子に大きな変化をもたらしました。

明るい声かけが、単調な勉強に抑揚を与えたようで、どよーんと重苦しい空気が漂っていた国語の勉強の時間がリズミカルに進むようになりました。また、お餅つきの合いの手のような声かけが、対話の中で思考を深める効果を生み出したようです。国語の勉強を負担と感じることが少なくなり、どんどん勉強してどんどん改善点を発見しようという姿勢が徐々に芽生えてきました。

そして、毎回、私が隣でシャウトするので、線を引いた根拠と選択肢を見比べるようになります。「次に気をつけることをメモする」ことも忘れなくなります。その結果、「自分は何を間違えたのか」

「何がわかれば解けたのか」など、選択肢問題の課題が次々と蓄積され、わかってきました。それらのポイントはまとめて、試験前に見直すこともできました。

こうして、シャウトを何百回と繰り返すうち、「試験中、選択肢を答える時に、お母さんの声が聞こえる気がする」と言われるまで「選択肢問題の手順」の習慣化ができたのです。

息子の耳に私のシャウトを残す。これは、シャウトで変わることができた息子と私の事例です。しかし、私のように毎回、子どもの隣に座ってタイミングよくシャウトできる親ばかりではないでしょう。また、シャウトを嫌う子どももいるかもしれません。そんな時は、シャウトの目的を思い出してください。

前5行後ろ5行……
選択肢は本当かな？
本文で書いてないことは……

シャウトの目的は、次の二つです。

・根拠と選択肢を見比べることの習慣化

・「次に気をつけることをメモする」ことの習慣化

つまり、隣でシャウトしなくても、シャウトに代わる方法を考えればいいのです。

たとえば、

・「○根拠と選択肢を見比べる　×選択肢と選択肢を見比べる」と、紙に書いて机の前に貼っておく

・「選択肢と選択肢を見比べると罠に引っかかるよー」と、何度も言う

・勉強の最後に、「今日はどんな間違いが多かったの？　次に気をつけるポイントは何だった？」と、声をかける

・「次に気をつけること」が書いてあるノートを勉強の最後に見せてもらい、ご褒美シールを貼る

このように、隣に座ってシャウトする以外でも、それぞれの親子にマッチした方法を探し出し、シャウトの二つの目的の達成を目指しましょう。

第5章 呼吸レベルでできるまで

我が家の運用事例

ここで、我が家の取り組みの一例を、会話形式で紹介しましょう。国語だけは、私が息子の隣に座って、つきっきりで見ていたため、多くの口を挟み、私が議事進行するような形で勉強を進めていました。

息子は、私との定型的な対話を通して思考を深められる上、スムーズな議事進行で勉強が流れるように進んで勉強時間を短縮できることから、この声かけを気に入っていたようです。

私　「問一、問題読んで！」

（息子、問いを読む）

私　「本文戻る、前5行後ろ5行！」
（息子、傍線部の前後5行を確認する）
私　「根拠に線引いて！」
（息子、本文中から根拠を探し、線を引く）
私、シャウト**「根拠に書いてあることを選んでよ！」**
（息子、根拠と選択肢を見比べながら、答えを決める）
（息子、解答解説を見ながら根拠と答えそれぞれに○×をつける）
息子「あー、最後の2択までは行けたけど、最後で間違えた。根拠は合っていたのに」
私、シャウト**「惜しいね！　次に気をつけることは何？　塾では何て言ってた？」**
息子「筆者の主張が二つあったのに気がつけばよかったんだな」
私　「じゃあ、何てメモっとく？」
息子「違う場所も見る」
私　「OK！　次は、まとめの場所を見落とさないようにすればいいね！」

最後に目指すは、呼吸レベル

息子はもともと、理数系科目が得意でした。「理数系脳だから国語ができないのだ」と私は半ば諦めていました。しかし、そんな息子と私が、「選択肢問題の手順」で勉強を積み重ねていくと、徐々に変わっていきました。

理数系脳をフルに活用し、「問い」「根拠」「答え」を、まるでパズルを組み合わせていくようなイメージで関連づけ、解き進めていきます。回数をこなすうち、嫌いな国語が、面白い国語に変わっていきました。

本来、学ぶことは楽しいこと。子どもが国語を面白く感じれば、自《おの》ずと結果はついてきます。親の私も、

・定型的な手順で、根拠をもとに解いているか
・子どもがつまずいた時、何につまずいたのか

を確認するだけで済むため、イライラが低減。気持ちに余裕が出てきました。

親子でお餅をつくように、楽しみながら合いの手である「シャウト」を入れる。そして、逆上がりの練習で血豆を作るように粘り強く反復する。そうすれば、きっと次

のステージが見えてくるはずです。

しかし、

「隣に親が座っていないと、根拠に線を引き忘れてしまう」

「焦ると、選択肢同士を見比べ始めてしまう」

「うっかり次に気をつけることをメモし忘れてしまう」

といった場合には、まだ反復練習が必要です。目指すは、呼吸レベルでできるまで。ひとりで勉強していても、時間が足りず焦っていても、**いつでもどこでも呼吸レベルで無意識に根拠と選択肢を見比べることができるよう、「次に気をつけることをメモする」ことができるよう、根気強く練習を重ねます。**

小学校の最高学年でなければ、塾で国語を勉強するのは通常、週1回、1か月で約4回です。呼吸レベルまで習得するには、やはりある程度の回数をこなさなければなりません。一朝一夕とはいかず、時間はかかるでしょう。だからこそ、一刻も早く始め、根気強く続ける。それが選択肢問題攻略の近道だと思うのです。

選択肢問題は、答えが問題用紙に書いてあります。本文の根拠と見比べれば、きっと答えにたどり着けるはず。

さあ、子どもたちよ、正しい根拠を見極めてゴールまで突き進め！

column 2

まとめ作業は、人生すべてに役立つ！

「国語ができれば、ほかの教科もできるようになる」という話をよく耳にします。私は、「ほかの教科の問題も日本語で書かれているから、問題を理解しやすくなるからかな」などと、軽く考えていました。

そんなある日、本書の執筆に際して、弁理士の先生とお話をする機会を得ました。弁理士とは、知的財産を取り扱う専門家です。特許庁に申請する書類作成などを担っており、のちにトラブルが生じないよう中身の本質を的確に把握し、要点を文章でコンパクトにまとめ上げることを生業の一つとしています。

先生はこうおっしゃいました。

「長い文章を3行でまとめられるということは、全体を理解していなければできません。この練習は、国語に限らず、ほかの教科、仕事など人生のさまざまな場面で役に立つでしょう」

よく考えれば、私たちは本を読んだり、人と会話をしたりする時、「この本は、何が言いたいのだろう？」「この人は、何を伝えたいのだろう？」と、無意識に頭の中で要点を整理しています。要点をまとめ、肝心な部分をおさえることで、理解やコミュニケーションを深めているのです。

本文を3行でまとめることがその練習になるのであれば、ほかの教科の理解に役立つだけでなく、人生すべてに良い影響を与えそうです。

column 3

知識問題も楽しく学ぶ！

長文読解は**「国語ママの勉強法」**で勉強する。では、漢字や慣用句などの知識問題はどう勉強すればいいでしょう。

大人はよく、「最近、パソコンで変換してしまうから、漢字が書けなくなってしまった」と言います。手で書く頻度が減っているから漢字を忘れてしまうというのです。このことから考えても、知識問題は実際に手を動かして、回数多く取り組むことが効果的なのかもしれません。

しかし、ただ何回もノートに書いたり辞書を読んだりするだけでは、なかなか知識として定着しないという子どももいます。機械的な勉強は面白くないからでしょうか。ちなみに、息子はその一人。

そこで知識問題を少しでも面白く勉強できるよう、回数よりもインパクトを重視して取り組んでみました。

たとえば漢字は、問題集やテストで間違えたものを、好きな回数だけ書くことにしたのです。しかも、汚く書いても、どんな筆記用具で書いてもOK！ **ルールはただ一つ、二度と間違えないこと**。漢字ですから、もちろん、「とめ」「はね」「はらい」も含め、二度と同じ間違いをしないように約束するのです。

ノート1ページに大きく1文字だけを書いたことも、一度書いた漢字の上にほかの漢字を重ね書きしてノートを真っ黒にしたこともありました。

「そんな汚く書いて、本当に二度と間違えないの？　ちゃんと『とめ』『はね』

ができているの？」
「大丈夫だよ！　ほら、ここを見て！
ちゃんと書いてるよ！」
などと楽しく会話をしながら、自由にアーティスティックに漢字練習をしました。こうすると、自分の裁量でできるからか、気分よく、進んで漢字を練習できます。嫌々10回書くよりも効果がありました。

　また、慣用句は、自分の日常とコラボさせました。身近な話題で慣用句入りの例文を作り、意味を覚えたのです。

・今日のテスト結果は目をつぶるから早く勉強やりなさいと母に言われた。
・妹はぼくが母にほめられている時に自分もほめてほしくて話にいちいち首をつっこんでくる。
・メダカが卵を産んでいないかを目を皿にして探す。
・祖母のから揚げはぼくの口に合う。

　慣用句の意味を、「首を突っ込む↓そのことに関心をもつ」「目を皿にする↓目を大きく見開いたたとえ」などとそのまま暗記していた時よりも、生き生きとして例文を作っていました。

　また、自分で作文するため、記述力も一緒に養われたように思います。正しく使えているかどうか確認したい場合には、塾に見てもらうのもよいでしょう。

　理科や社会も、語呂合わせや歌で知識を覚えたりします。国語の知識問題も、取り組み方を工夫することで、負担少なく定着をはかっていけるといいですね。

第3部

記述問題の手順

第1章 笑えない記述の話

残念な息子の話　パート1

これは息子の話です。次のような説明文の記述問題に息子はこう答えました。

本文の概要

ニホンウナギやクロマグロなどの海洋生物が、乱獲や地球温暖化、海洋汚染といった生息環境の変化により絶滅の危機にさらされている。確かに、海は広大で生態調査も完全ではないが、それでも資源管理に向けた継続的な取り組みが求められている。

問題

絶滅が危惧されている海洋生物に関する筆者の主張を六十五字以内で述べなさい。

息子の記述

乱獲で絶滅の危機になっているが、少しでも質の良いウナギが食べられるように。

そうです、息子はウナギが大好物。少しでもおいしいウナギを食べたいと思ったのでしょう。息子の気持ちはよくわかります。しかし、残念ながら、本文のどこにもウナギの「質」に関する記載が無かったことは言うまでもありません。また、ウナギについて記述してありますが、クロマグロなどほかの海洋生物の話はどこにいったのでしょうか。文字数も65文字には不足しています。

さらに、「乱獲や地球温暖化、海洋汚染といった生息環境の変化」とありますが、息子は「乱獲」だけを取り上げており、この辺りにも詰めの甘さを感じます。「食べられるように」で終わった中途半端な語尾にも問題があるでしょう。「筆者の主張を述べなさい」と問われているのですから「……ということ」など、最後まで気を抜かず書いてほしいと思う私は、息子に多くを求め過ぎなのでしょうか。

残念な息子の話　パート2

また、次のような物語文の記述問題にはこう答えました。

本文の概要

親とちょっとした言い争いをした。むかっとしたまま部屋に戻り、宿題の計算問題を解いていたが、なかなか答えが合わない。むしゃくしゃして計算用紙を丸めて投げたら、壁に当たり、そばにあったごみ箱に入った。

問題

丸めた計算用紙を投げた時の主人公の気持ちを六十字以内で記述しなさい。

息子の記述

計算用紙がごみ箱に入ったからうれしかった。

私はてっきり、親と言い争いをしたこと、それにより計算に集中できず間違いを繰り返した苛立《いらだ》ちを読み取るものと思っていました。しかし残念ながら、息子の頭の中では、丸めた計算用紙がごみ箱に入ったことだけが本文から切り取られたようです。答えが、まさかの「うれしかった」というハッピーな内容になりました。さらに、よく問題を読んでみると、問いでは、丸めた計算用紙がごみ箱に入った瞬間の気持ちではなく、その直前、丸めた計算用紙を投げたまさにその時の気持ちを問うています。しっかり問題を読んで、問われている状況を理解して答えているとは言えません。

息子が書いた二つの答えは、当然、不正解。部分点がもらえたとしても、たかが知れています。

しかし、不正解が悪いわけではありません。不正解から何かを学び、次に生かせばいいのです。見直しは、国語に限らず重要な勉強のプロセスの一つです。

その見直しですが、息子のやり方は次の通りです。

まず、解答を黙読する。そこから、自分の記述に不足していた単語をいくつかピックアップする。そして、選んだ単語をノートにメモする。これでおしまいです。

さすがに単語をメモするだけでは記述ができるようになる気がしないので、

「もう一度、最初から書き直してみたら？」

と言いました。しかし、

「大丈夫、解説を読んでわかったから」

との返答が。確かに、解答解説を読んでわかった気になるのかもしれません。しかし、その根底には、何度も記述することが面倒くさいという気持ちがあることは見え見えです。

私も、答えを丸写ししても意味がないように感じ、かといってどのように書き直しさせればいいのかもわからず、また、書き直しを無理強いして国語が嫌いになったら困るという気持ちが先に立ち、それ以上強く言うこともできませんでした。もやもやしながら、「記述問題を克服できる見直しのやり方があればいいのに……」と思う時間だけが流れていきました。

第2章

やるべきは、根拠から「書く」

記述ができない理由はさまざま

記述問題では、解答用紙に何も書かず空欄で提出してしまう子どももいます。何か簡単な文章一つでも書かれていれば、採点者にメッセージが伝わる可能性もありますが、空欄では×をつけるしかありません。しかし、この空欄一つとっても、背後にある理由はさまざまです。

記述問題に向き合ったのに、「何を、どう書けばいいのかわからなかった」結果、空欄になってしまった「悔しい空欄」、取り組む気持ちはあったものの、時間がなくなって記述まで手が回らなかった「時間切れ空欄」、そもそも最初から諦めて問題と向き合わなかった「やらなかった空欄」などです。

空欄を埋めようとして、何か記述したとしても不正解になる場合があります。本文の参照する箇所を間違ってしまい、答えとしてはとんちんかんな内容になったケース、逆に、参照する箇所は合っていたものの自分の言葉でうまく文章化しきれなかったケース、語彙力不足で熟語や慣用句の意味を知らなかったが故に解釈を取り違えたケースなどもあります。また、息子のように、本文に書いていないことを自分の自由な感想や勝手な解釈で書いてしまうケースもあるでしょう。どれも空欄でないだけよいと考える見方もありますが、やはりこれらにも大いに改善の余地があります。

根拠から「書く」

「時間切れ空欄」「やらなかった空欄」は別として、記述に向き合ったにもかかわらず、うまく書けなかった最大の原因は、作問者が本文中に設定した根拠を探し出し、その根拠を参照し、自分でまとめられなかったためです。

前述の息子はまさにその例です。作問者の意図を無視して、まるで感想文を書くかのように答えています。確かに、ウナギは少しでも脂がのっているおいしいものを食べたいでしょう。丸めた計算用紙が意図せずごみ箱に入ったらラッキーと思うかもしれません。しかし、それらはあくまで息子の個人的な感想です。

繰り返しになりますが、記述問題を作成した作問者は、本文中のどこかに答えの根拠を設定しています。**記述問題に答えるためには、自分の考えや感想を一旦脇へ置き、作問者の設定した根拠を本文中から探し出し、探し出した根拠を踏まえて記述をします。**そして、記述問題は「記述する」ことを求めているのですから、**誰もが実際に手を動かして、根拠から「書く」練習をしなければなりません。**

第3章 「逆転の発想」で見直す!

難しい、結果予想

しかし、仮に、正しい根拠を探してその根拠から答えを書いたとしても、一度で正解にたどり着くにはかなり高いハードルがあります。まして国語が苦手な子どもであれば、おそらく、現状では自分の記述と解答の記述は大きく乖離《かいり》することでしょう。

そんな記述を、子どもは見直さなければなりません。そして、この見直しの作業は多くの親子を悩ませます。実際、私も息子の記述の見直しには苦労しました。記述の内容どころか、日本語としても成立していない記述を「どう採点すればいいのか」「どこをどう直せばいいのか」わからなかったからです。

そのことを象徴するのが、模試の見直しです。通常の模試では、試験直後に解答解説が配られます。試験結果が出る前に、解答解説を見ながら家で見直しができるようにするためです。算数、理科、社会は、数字や記号、単語をチェックするだけなので、はっきりと自分の点数が予想できます。問題は国語です。記述の点数を予想することが困難で、国語全体で何点とれそうなのかが予想不可能なのです。

「3点くらいは入るかな」

「結構書けているから、半分くらいは点数がもらえるでしょう」

「でも、解答にある文章とは違った意味になっているような気もするから、もしかしてまた0点かも」

しかも、この予想がなかなか当たりません。発表された採点結果を見ると、ピッタリ賞の時はほとんどなく、「えー、そんなに点数もらえるんだ、ラッキー!」、またその逆で「えー、どうしてこんなに悪いんだろう」と、予想を大きく下回る時もあるからです。あまりに外れる予想に疲れ、模試の結果が発表されるまでは、記述問題の得点を入れずに国語の点数を計算するようになってしまいました。こんな調子ですから、見直しにも力が入りません。

「こういうふう」では進歩なし

記述の見直し方を変えなければ、不正解から何も学ばずに終わってしまいます。悩みながら、私は息子が記述問題を見直す姿を何気なく見ていました。すると、解答解説を読んだ息子のつぶやきが耳に入ってきました。

「あー、そうかー。こういうふうに書けばよかったのかー」

「こういうふう」の「ふう」は、「それらしい様子」「雰囲気」などの意味をもつ言葉です。つまり息子は、記述問題の見直しをする時、解答や解説を読み、それらが放つ雰囲気を自己流に解釈してわかった気になっていたのです。解答の記述がどこを根拠として作成されたのか、本文も確認していません。そして、記述をし直すわけでもなく、単語をメモするだけで勉強を終了しています。

国語が嫌いになってはいけないと看過してきましたが、やはり息子の見直し方は足りないのでしょう。こんな見直しではいつまでたっても進歩がありません。

ついに、私は決意しました。今まで私たち親子は記述問題から逃げていた。確かに息子の記述は、複雑怪奇で日本語としても成立していないけれど、それでもどうにかして見直しをしっかりとしようと。

逆転の発想、「完璧を目指す！」

それは、いつものように息子の隣で、とんちんかんな記述と解答を見比べ、どうやって教えようかと考えあぐねていた時のことでした。どうしても息子の記述と解答の共通点が見つからないのです。でも、ここで諦めるわけにはいきません。じーっと二つを見比べていた、その時です。私は「はっ」と、ひらめきました。

「そうだ！　解答と同じ言葉があるかどうかで見直すしかない！」

私は、ある一つの固定観念に縛られていたのです。それは、「記述の苦手な息子が、解答と同じ文面の記述ができるようになるのは不可能だ」ということ。そこで私はその固定観念を捨て、あえて逆転の発想をしてみました。

「目指すのは、あくまで一言一句違わない解答に書かれている通りの記述である」

そう腹をくくると、全く新しい見直し方法が見えてきました。「解答と同じ言葉」が書けているかどうかで記述を見直せばいいのです。採点基準を「解答と同じ言葉」に限定すれば、息子でも解答通りに「書けたところ」と「書けなかったところ」が簡単に分けられます。

さらに、採点基準「解答と同じ言葉」が書けていた部分を見つけたら、その横に線を引く作業を追加しました。そうすれば、自分が書けていた部分と書けなかった部分とが、はっきりと見てわかるようになります。

解答と同じ言葉

採点基準の「解答と同じ言葉」とはどのような言葉なのか、「記述の横に線を引く」とはどのようなことなのか、簡単な例で説明しましょう。

本文

いつも通りの歩みで駅に着いた私は、定期券を出そうと上着のポケットに手を入れた。おかしい。いつもなら入っているはずのポケットに定期券がない。ズボンのポケットも探したが、ここにも入っていない。そうだ、昨日使ったカバンの中に定期券を入れたままにしてしまったのである。これはうっかりしていた。しかし、待ち合わせの時間を考えると、あまり時間がない。それでも、戻るか戻らないかを悩むひまがあるのなら、いっそのこと、戻ってしまえと、私は急いで家に取りに戻ることにした。

問題
駅に着いてからの主人公の行動を七十字以内で説明しなさい。

解答
上着やズボンのポケットを探したが定期券が入っておらず、昨日使ったカバンの中に入れたままにしたことを思い出し、急いで家に取りに戻った。

息子の記述
定期券を忘れたことに気がついたから、家に戻った。

息子の記述と解答を見比べて、**採点基準「解答と同じ言葉」で書けているところに線を引きます**。この場合、書けていたのは、「定期券」「家に」「戻った」ですから、解答と息子の記述の両方に、次のように線を引きます。

解答
上着やズボンのポケットを探したが定期券が入っておらず、昨日使ったカバンの中に入れたままにしたことを思い出し、急いで家に取りに戻った。

息子の記述
定期券を忘れたことに気がついたから、家に戻った。

一方、線が引けなかった部分は、自分が書けなかった部分です。この場合、「上着やズボンのポケットを探した」「入っておらず」「昨日使ったカバンの中に入れたままにしたことを思い出し」「急いで」「取りに」が、それに該当します。

基準は厳しい、けれどわかりやすい

この例では、「家に戻った」と「家に取りに戻った」は、ほとんど同じことを言っているようにも思います。これを、解答と同じ言葉で記述できていなければ、書けたことにしないというのでは、少し厳し過ぎるのではないかと思うかもしれません。

でも、「家に戻った」と「家に取りに戻った」という両者の言葉の使い方にはやはり違いがあります。作問者は、あくまで「家に取りに戻った」という表現を求めています。そして、そのように解答するための根拠も本文中に設定されているはずです。

自分の記述と解答、「この違いは何なのか?」、その微細な違いを考えることが、記述力を高めるチャンスになります。

「だいたい書けているから、これでいいよね」

「書き方は違うけれど、意味は同じだよね」

などと譲歩しないこと。**目指すは、解答に掲載されている、まさにその文章です。**

線が引けたら、根拠を再確認

採点基準「解答と同じ言葉」で自分が書けたところと書けなかったところが分けられたら、次は、書けなかったところの根拠を本文中から探し、そこに線を引きます。

例で言えば、書けなかった部分、「上着やズボンのポケットを探した」「入っておらず」「昨日使ったカバンの中に入れたままにしたことを思い出し」「急いで」「取りに」にも、作問者が設定した根拠が本文中にあるはずです。そこで、**「書けなかったところ」は、本文のどこを根拠としているのか、本文中から根拠を探します。そして、新たに探した根拠の横にも線を引いて、本文を見た時に根拠の場所を目で見てわかりやすくしておきます。**

本文

いつも通りの歩みで駅に着いた私は、定期券を出そうと上着のポケットに手を入れた。おかしい。いつもなら入っているはずのポケットに定期券がない。ズボンのポケットも探したが、ここにも入っていない。そうだ、昨日使ったカバンの中に定期券を入れたままにしてしまったのである。これはうっかりしていた。しかし、待ち合わせの時間を考えると、あまり時間がない。それでも、戻るか戻らないかを悩むひまがあるのなら、いっそのこと、戻ってしまえと、私は急いで家に取りに戻ることにした。

＊細い線……最初に根拠として引いた線（基本の3ステップ③）
＊太い線……「解答と同じ言葉」で書けなかったため再度確認し直した根拠

新たに探した根拠に線を引けたら、あとは「書けたところ」と「書けなかったところの根拠」を合体させて、解答と同じ文章になるまで繰り返し書くだけです。この例で言えば、

「定期券」「家に」「戻った」

＋

「上着やズボンのポケットを探した」「入っておらず」「昨日使ったカバンの中に入れたままにしたことを思い出し」「急いで」「取りに」、それぞれの本文中の根拠

⬅ もう一度記述する

この作業を、「解答に書かれている通りの記述」になるまで続けます。記述しては、

解答と同じ言葉で書けていたところに線を引き、書けなかったところの根拠を確認して線を引き、また両方を併せて記述するのです。そうすれば、最終的には、「解答に書かれている通りの記述」ができるようになって終わります。

本文に書かれていない言葉が解答に使われている場合もあるでしょう。例で言えば「思い出し」は本文中にない言葉です。こうしたケースからは、「こういう言葉を補って記述をまとめればいいのだな」などといった新しい学びができます。それらも含めて記述力を磨きます。

この方法は、物語文、論説文、説明文、随筆など出題ジャンルを問いません。ですから、「解答と同じ言葉」かどうかで「分け」、根拠から「書く」ことにチャレンジすれば、どんなジャンルの記述でも正解に近づきます。

ここまで手順が整理できたのなら、「選択肢問題の手順」と同様にシンプルで定型的な勉強の手順にして、いつどんな時もちゃんと記述に向き合う習慣を作ることです。

そうだ、「基本の3ステップ」を生かして、記述専用の「記述問題の手順」を作ろう、と考えました。

第4章 記述問題の手順

「記述問題の手順」＝「基本の3ステップ」＋「見直し4ステップ」

「記述問題の手順」は記述問題専用の定型的な勉強の手順です。「基本の3ステップ」に4つの見直しのステップをプラスするだけで、解答と同じ文面の記述ができるように「解く」から「見直す」まで、子どもをサポートします。

「基本の3ステップ」では、「ステップ③　根拠に線を引く」ステップを踏みます。根拠に線が引ければ、線を引いた部分を「どうまとめようか」と考え、記述し始める手がかりにできます。何から書いていいのか全くわからない場合であっても、線を引いた根拠の中の単語を一つ取り出して主語にしたり、根拠の中の単語を組み合わせて簡単な文章にしたりすれば、少なくとも空欄は回避できます。

実際、「基本の3ステップ」で解くようになった息子の記述には、変化が出てきました。空欄で終わることが減り、記述量が徐々に増えていきました。記述問題にかける時間も、以前よりは短くなったように思います。根拠探しには相変わらず苦戦していますが、それでも、今までのように自分の勝手な思い込みや感想で書くことが少なくなり、どうにかして本文中から根拠を見つけ、根拠を自分でまとめて表現しようとする姿勢が見られるようになりました。

記述問題も、まずは「基本の3ステップ」で解いていきましょう。

記述見直しステップ① 書けていたところに線を引く

記述するまでを「基本の3ステップ」で終わらせたら、いよいよ解答を見ながら見直し作業に入ります。最初の見直しステップは、「書けていたところに線を引く」です。自分の記述と解答を見比べて、採点基準の「解答と同じ言葉」で書けていたら、そこに線を引きます。線を引けば、

- 「解答と同じ言葉」で書けたところ
- 「解答と同じ言葉」で書けなかったところ

（書き足りなかったり、不要だったりした箇所）

が、目で見てわかりやすくなります。線を引くのは、自分の記述と解答の両方です。

記述見直しステップ①　書けていたところに線を引く

第1章の最初で述べた息子の書いた「ウナギ」の記述を例に挙げて解説しましょう。

問題

絶滅が危惧されている海洋生物に関する筆者の主張を六十五字以内で述べなさい。

解答

生態調査は完全ではないが、生息環境の変化により絶滅の危機にさらされている海洋生物の継続的な資源管理が必要であるということ。

息子の記述

乱獲で絶滅の危機になっているが、少しでも質の良いウナギが食べられるように。

「解答」と「息子の記述」を見比べた時、解答と同じ言葉を使って書けている部分は、「絶滅の危機」だけです。

ですから、まず「絶滅の危機」の横に線を引きます。ほとんど書けていないように見えますが、こんなことでへこたれないでください。

もし、ニュアンスで判断してしまえば、記述の見直しの基準が個人の感覚にゆだねられてしまいます。よって、線を引くのは、同じ言葉で書けていた、「絶滅の危機」のみになります。

記述見直しステップ② 書けなかったところの根拠を確認する

線を引いて、解答通りに「書けていたところ」と「書けなかったところ」を分けることができれば、記述を克服したようなものです。あとは、解答と同じ言葉で書けなかったところの根拠がどこにあるか、本文中から探し出して、その部分を書けるようにするだけです。

記述見直しステップ② 書けなかったところの根拠を確認する

これも、前ページの「ウナギ」の例で見てみましょう。

解答

生態調査は完全ではないが、生息環境の変化により絶滅の危機にさらされている海洋生物の継続的な資源管理が必要であるということ。

息子の記述

乱獲で絶滅の危機になっているが、少しでも質の良いウナギが食べられるように。

線が引いてある「絶滅の危機」以外が自分の書けなかった部分です。

①書けなかった部分の根拠を確認

「生態調査は完全ではない」「生息環境の変化」「さらされている」「海洋生物の継続的な資源管理が必要であるということ」、これらの書けなかった内容が本文に記載されているのかどうかを確認します。

この時、できれば、テキストの解答解説の「解説」はまだ読まないほうがいいでしょう。解説には根拠の場所が明記されているケースが多く、その場所がわかってしまうと、自力で根拠を探すチャンスを逸します。

「基本の3ステップ」で本文をまとめているし、傍線部がある問いなら、その前後の確認も終わっています。さらに現時点で解答も確認しているので、根拠の探し直しは比較的スムーズにできるでしょう。

おそらく子どもは、根拠を探し直しながらいろいろなことを考えます。

「乱獲とか具体的に書かないで、生息環境の変化とまとめて書くんだな」

「絶滅の危機にさらされているっていう言葉にするといいのか」

「そうか、資源管理を継続的にすることが大事だっていうことを言いたかったのか。もう少し最後のほうまで読まないと答えられないんだな」

など、根拠を見つけながら試行錯誤する。この時間が、自分の課題に気がつく大切な時間になるでしょう。新たに根拠を探したら、その横にも線を引いておきます。

②余計な部分の根拠を確認（本文に根拠がないことを確認）

それから、忘れてはならないのが、「質の良いウナギが食べられるように」という自分が書いた記述の根拠が本文中にあったか否かの確認です。当然のことながら、本文から根拠を探すことはできません。その時、

「ウナギの質のことはどこにも書いてなかったかー。書いていないことを書いたら×になるのだな」

と、**空想や妄想、思いつきや感覚で解いてはいけないんだということを身をもって学びます。**

違う意味で書いていても大丈夫

「言葉が合っていただけで、書けていたと言えるの？」

そんな疑問も湧いてきそうです。同じ言葉があちこちに出てくる場合など、作問者が設定した根拠とは別のシーンをもとに答えたことで、まぐれで「解答と同じ言葉」が書けていたケースです。

でも大丈夫です。最初から一言一句違《たが》わず解答と同じ文面の記述ができる子どもは多くありません。結局、みんな「記述見直しステップ②　書けなかったところの根拠を確認する」で、問題文がいつの、どんな場面の話だったのかを再度確認します。その時、

「同じ内容でもこっちの場面が答えの根拠になるのだな」

「似たような場面があるなら、もっと本文をちゃんと読まないといけないな」

などと根拠探しの間違いに、自分で気づくことができるのです。

記述見直しステップ③　もう一度最初から書き直す

解答と同じ言葉で書けなかったところの根拠が確認できたら、次の見直しステップに移ります。

記述見直しステップ③　もう一度最初から書き直す

正しい根拠をもとに「解答と同じ文面の記述」になるよう、「解答と同じ言葉」で書けたところと書けなかったところの根拠を合わせて「書く」練習に進みます。記述問題は、「書く」ことを要求しています。「書く」練習を重ねるのは当然のことです。

しかし、この「もう一度最初から書き直す」という表現を、そのまま子どもに伝えるのはＮＧです。

なぜなら、「もう一度」と言われれば、「あー、またか」という絶望感が生じます。「最初から」と言われれば、今までの努力が水の泡になったような気持ちになります。そして、「書き直す」と言われれば、「あー、そんなに自分の記述はだめだったのだな」「あー、なんて面倒くさい作業なんだろう」と、否定的な感情が次々と湧き上がってきます。そうなると、このステップに嫌々取り組むか、または、親が席を外すとこのステップを飛ばす可能性が高まります。

どうやって気分よく書き直させるか。そうして思いついたのが、マジックワードです。このマジックワードを使うと、なぜか魔法がかかったように、比較的スムーズに

「書き直す」ようになります。言葉一つで子どもは変わるのです。

そのマジックワードは、「**進化させる**」。

書き直すのではなく、自分の記述をより良い記述にレベルアップさせる。仮に記述の解答欄が空欄だったとしても、次は空欄だった自分の解答をより正解に近い記述に変えていく。まさに、『スーパーマリオブラザーズ』のゲームで、マリオがキノコやほかのアイテムを拾って、大きく、強くなるのと同じで、今の自分の記述をより良いものに発展させるというイメージです。

記述見直しステップ③

もう一度最初から書き直す
＝
進化させる

進化させる時の書き直しの手順は、「もう一度最初から書き直す」手順と変わりありません。

解答と同じ言葉で書けていたところはそのまま「書く」
⬅
解答と同じ言葉で書けなかったところは、確認し直した根拠を参照する
⬅
二つを合体させ、もう一度「書く」

一度「進化」をさせたら、再度、解答と照らし合わせます。記述見直しステップ③から記述見直しステップ①「書けていたところに線を引く」に戻り、新たに書けたところがあれば、自分の記述と解答に線をつけ加えます。まだ書き足りなかったところがあれば、根拠を確認して再度「進化させる」。これを、解答の文面と同じになるまで繰り返します。

「進化させる」というマジックワードを使って、自己肯定感を維持したまま記述問題に取り組めるのが、「記述問題の手順」の強みの一つです。

私は息子が根拠を再確認できたら、いつもこう言っていました。
「書けている部分は大切にして、進化させよう！」

息子も、「書きなさい」「書き直しなさい」と言われるより、抵抗感が少ないようで、あれほど面倒くさがっていた記述にもかかわらず、比較的軽やかに書くようになったのです。

そして、あんなに苦手だった物語文の記述も上達しました。たとえば、「友達とけんかした時の気持ちを五十字以内でまとめなさい」という問いに対して、最初は20字しか書けなかったものが、次のように書けるようになっていきました。

よし子と仲直りしたいがうまくできないこと。

←

よし子と仲直りしたいが周囲に見られるのが嫌で話せないのでなさけない。

←

本当はよし子と仲直りしたいのに周囲の目が気になり、なかなか声がかけられない自分をなさけなく思う気持ち。

「進化」は、解答と同じ文面になるまで、何度でも続きます。しかし、「書きなさい」と言われて書いているわけでなく、より良い記述を目指して書いているので、息子の心の中の平穏は保たれました。そして、手を動かしているうちに、理路整然とした文章構成や、コンパクトな文章の作り方を次々と学んでいきました。それはまさに、記述力を伸ばしていく過程になりました。

記述見直しステップ④ 次に気をつけることをメモする

「進化」をし続ければ、いつかは「解答と同じ文面の記述」にたどり着きます。しかし、もしそこで終わりにしてしまえば、学びは限定的になると言わざるを得ません。なぜなら、「同じ間違いを繰り返さないためにどうしたらいいのか」を強烈に子どもの中にインプットしなければならないからです。

そのための手順が、最後の手順「記述見直しステップ④」です。

記述見直しステップ④ 次に気をつけることをメモする

第2部でも述べましたが、せっかく塾に行っているのですから、塾の学びは有効活用したいですね。それなら、「見直しステップ④ 次に気をつけることをメモする」で、メモする内容を塾での学びから選んでみてはどうでしょう。塾では、

「主語を書き忘れないようにね」

「筆者の主張は1か所だけに書いてあるとは限らないよ」

「記述は、語尾にまで注意を払って。『なぜですか？』と聞かれたら、『～だから』と締めくくること」

「『このように』『つまり』などの接続詞に注意すれば、結論をまとめている場所がわかるよ」

などと、記述問題に答える時に注意すべき事項を詳しく解説してくれています。

そこで、**記述の定型的な勉強法の締めくくりは、塾で習ったことの中から、同じ間違いをしないための注意点を選び、自分でわかるようにノートにメモします。**そうすることで、塾での学びを生かしながら、「今回は正しい記述ができなかったけれど、次に似たような記述問題が出てきた時に同じ轍《てつ》を踏まないように！」というメッセージを子どもが自分自身に送ることができます。

ウナギの事例で言えば、息子は次のような言葉をメモしました。

・本文の言葉を使う

・説明を多く書く

「本文に書いてあることを記述しなければならないこと」、そして、「いろいろな条件を書くこと」などを思い起こさせるメモになっていますね。これが、この記述で息子が学んだことになります。

「メモ」は、子どもが自分自身の課題を自ら見つけ出すことを目的としています。そのため、子どもが、次に気をつけることをメモした時点で、目的は達成です。メモした内容が正しいのか、親がチェックしたくなる気持ちもわかります。しかし、そこで親が口を挟んでしまえば、定型的な勉強法が崩れてしまうだけでなく、「進化する」で芽生えたせっかくの自己肯定感も損なわれます。ですから、親が「あーだ、こーだ」言うのではなく、子どもが自分で考え、まとめたメモで終了します。

マジックワードを組み込んだ「記述問題の手順」

「記述問題の手順」は、記述の勉強の本質である「書く」ことを練習するための、記述問題専用の手順です。
採点基準を「解答と同じ言葉」とし、それをもとに、自分が「書けていたところ」と「書けなかったところ」に分ける。そして、書けなかった部分の根拠を確認したあと、解答と同じ文章になるまで自分の記述を「進化させる」のです。締めくくりは塾での学びを生かして次へとつなげる課題を「メモする」です。

塾を生かす

問いを読む
⬅
ステップ②　傍線部の前後5行を確認する
⬅
ステップ③　根拠に線を引く
⬅
問いに答える
⬅
記述見直しステップ①　書けていたところに線を引く〈※〉
⬅

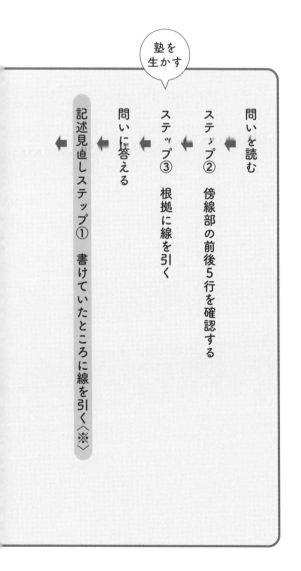

記述見直しステップ②　書けなかったところの根拠を確認する

⬅

記述見直しステップ③　進化させる（解答と同じになるまで〈※〉に戻る）

⬅

記述見直しステップ④　次に気をつけることをメモする

第5章 「音読」でさらなる進化を

記述を「音読」する

こうして「記述問題の手順」を整理してから、私は息子の隣で手順通りの声かけで国語の勉強を進めていきました。このテンポの良い勉強は、快調に進みました。しかし、いかんせん試験本番まで半年、時間がありません。記述問題をより早く克服するために何が必要なのかを考えた結果、私は次のように**「音読」**を組み込みました。

- **自分の記述をしたら「音読」する**
- **解答を読む時は「音読」する**

「音読」は非常に学習効果の高い勉強方法です。音読をすれば、口頭で読み上げ、それを耳で聞くことで文章を細部まで把握することができます。たとえば、自分の書いた文章を音読すると、違和感を抱くことがあります。その違和感は、記述のミスです。「助詞の使い方がおかしかった」「主語と述語が対応していなかった」「接続詞の使い方が間違っていた」など、**目で文字を追っただけでは気がつかなかったミスも、音読すればおかしいなと感じることができます。違和感の原因を追究すれば、より正しい日本語の文章に修正できます。**

解答の「音読」も効果的です。テキストや問題集などに解答として掲載されている文章は、理路整然としており、日本語としても美しく、コンパクトで完成度の高い文章に仕上がっています。主語と述語の関係性、文の締めくくり方、短いながらも起承転結のある構成など、あらゆる要素を兼ねそなえています。その**文章を進化させる度、2度3度、多ければ4度も5度も読むことは、美しい解答スタイルを頭の中に染み込ませているのと同じことになります。**この「音読」のマジックは、じわじわと効いてきます。効果は想像以上でした。

「音読」を組み込んだ我が家の運用事例

次のやりとりは、息子と私が取り組んだ「記述問題の手順」の一例です。

私「問一、問題読んで！」

（息子、問いを読む）

私「本文戻る、前5行後ろ5行！」

（息子、傍線部の前後5行を確認する）

私「根拠に線引いて！」

（息子、本文中から根拠を探し、線を引く）

（息子、記述する）

私**「記述を音読！」**※

（息子、自分の記述を音読）

私**「解答を音読！」**

（息子、解答を音読）

私「書けてたところに線引いて！」

（息子、自分の記述と解答を見比べ、解答と同じ言葉で書けていたところに線を引く）

私「書けなかったところの根拠はどこだった？」

（息子、書けなかったところの根拠を本文から探して線を引く）

私「書けてたところは大切にして、**進化させよう！**」

（息子、再確認した根拠を参照しながら記述する）

※に戻り、解答と同じ文面の記述になるまで2〜5回程度繰り返す。

（息子、やっと解答と同じ文面の記述を仕上げる）

私「うまく進化できたね！　じゃあ、次に気をつけることは何てメモっておく？」

（息子、塾で勉強したことの中から、次に気をつけることをメモする）

（次の問いに進む）

息子の場合、これらの声かけが功を奏したようです。記述といえば「記述問題の手順」といった感じで、サクサクと進化を進めます。音読することで自分の記述のまずさにも気がつきます。また、解答の音読からは、コンパクトで美しい文章を頭に入れることができ、進化の回数も5回から4回、3回と、徐々に少なくなっていきました。それと同時に勉強時間も短縮され、気分も楽になった模様。記述を「進化させる」ごとに、自分自身も記述ができるようになるイメージをもったのか、嫌がることなく勉強を積み重ねることができました。

親子でそれぞれの取り組みを

息子と私はお餅つきの合いの手や九九の練習のように「記述問題の手順」を進めていきました。しかし、私のように隣に座りっきりになれる親ばかりではないでしょう。でも、心配はいりません。

「記述問題の手順」は、

自分の記述と解答を見比べ、解答と同じ言葉で「書けていたところ」と「書けなかったところ」を分ける

⬅

書けなかったところの根拠を確認する
⬅
解答と同じ文面になるまで進化させる
⬅
最後は、塾での学びを生かして、次に気をつけることをメモする

というプロセスを子ども主体で進めることができればいいのです。この目的が達成されれば、どのような方法をとってもいいのです。それに、子どもの国語のレベルによっては、全部を手順化する必要はないかもしれません。そんな時は「記述問題の手順」の中で必要な部分だけを取り込んでみるのもありなのだと思います。

そして親は、

・定型的な手順で根拠をもとに解いているかの確認
・子どもがつまずいた時、何につまずいたのかの確認

だけに専念すればいいのです。

たとえば、「進化」というマジックワードを使った声かけを、次のようにしてみて

はどうでしょう。

・勉強の終わりに、「今日は何回、進化させたの？」「今回の進化で、何に気がついたの？」などと聞いてみる

・「進化させた努力の跡を見せて！」と言って、ノートを見せてもらう

・「進化が上手だから、塾の先生にも見てもらおう！」と言って、塾にノートを見せて確認してもらう

記述問題を克服したい時、ぜひ「記述問題の手順」を取り入れてみてください。それぞれの家庭に合った取り組みを、半年、1年……と続けることで、記述の不安が楽しさに、そして自信に変わる時がきっと来ると、私は信じてやみません。

column 4

感想文と長文読解の違い

息子が小学生の時、読書感想文で学校の代表に選ばれたことがありました。正直、私は驚きました。国語が苦手な息子が、どうして……。

でも、今となってみれば、その理由がわかります。なぜなら、感想文と長文読解は、全くの別物だからです。

感想文は、課題図書の内容を肯定しても、否定しても、また自分なりの新たな論理を展開しても構いません。

「こんなふうに考えればもっと面白くなる」「そんな考えは、よくないのではないかと思う」など、読み手は自由に本文を解釈することが許されています。

本文でも述べましたが、「質の良いウナギが食べられるように」という記述のように、息子は本文を自由な発想で捉えることが得意です。おそらく持ち前の、そのちょっとずれた感覚で書いた文章は、感想文としては魅力的だったのでしょう。

しかし、教科としての国語の長文読解となると話は違ってきます。

考えるべきは、「筆者や作問者がどう考えたのか」ということであり、本文に書いてある内容から答えるだけです。自分が「どう感じたか」「どう考えたか」は、一旦、脇へ置かなければなりません。

それは、登場人物の喜怒哀楽を描く物語文を解く時でも同じです。物語文を読む醍醐味《だいごみ》は、登場人物に感情移入してドキドキ、ハラハラとページをめくることです。しかし、長文読解として出題された物語文へ感情移入して答えると、自分の感想や感覚で解くことになり、不正解の原因になりかねません。

そんなことを考えていた時、塾の先生から言われた言葉を思い出しました。

「国語を解くことに、共感は必要ないです。感情のパターンを複数知っていればいいのですよ」

言われてみれば、問題を解くのは小学生です。実体験が少ないため、大人から見れば当たり前の感情でも、共感できないケースは多くあるはずです。それに、そもそも出題テーマは多岐にわたります。子どもがそれらテーマのすべてを経験し、共感して解くことは不可能です。

「読書が好きではない」「図鑑しか読まない」という子どもが物語文で登場人物に共感できなくても、感情を表す言葉や場面を本文から見つけ、それを根拠に登場人物の喜怒哀楽を答えることができればいい。反対に、読書家で国語が得意な子どもでも、自分の感想で答えてしまえば、不正解になることもある。

このことは、国語という教科が「子どもに長文読解から何を学んでほしいか」を、伝えているように思います。

「学んでほしいもの」、それは、「本文中の根拠から論理的に答えを導き出す」ということです。このメッセージをしっかりと意識できれば、その子どもの国語力はきっと変わると思うのです。

国語ママの勉強法❶　基本の3ステップ

本文を読む

←

ステップ①　本文を3行でまとめる（塾を生かす）

←

問いを読む

←

ステップ②　傍線部の前後5行を読む

←

ステップ③　根拠に線を引く（塾を生かす）

←

問いに答える

国語ママの勉強法❷　選択肢問題の手順

問いを読む

↓

ステップ②　傍線部の前後5行を読む

↓

塾を生かす

ステップ③　根拠に線を引く

↓

問いに答える

↓

選択肢見直しステップ①　根拠で○×、答えで○×

↓

塾を生かす

選択肢見直しステップ②　次に気をつけることをメモする

国語ママの勉強法❸　記述問題の手順

問いを読む

⬅

ステップ②　傍線部の前後5行を確認する

⬅

塾を生かす

ステップ③　根拠に線を引く

⬅

問いに答える

⬅

記述見直しステップ①　書けていたところに線を引く〈※〉

⬅

記述見直しステップ②　書けなかったところの根拠を確認する

⬅

記述見直しステップ③　進化させる〈解答と同じになるまで〈※〉に戻る〉

⬅

塾を生かす

記述見直しステップ④　次に気をつけることをメモする

おわりに

私の母がよく言う、イギリスのことわざがあります。

「馬を水辺に連れていくことはできても、水を飲ませることはできない」

振り返ってみると、息子が中学受験を始めた頃の私は、どうにかして息子に水を飲ませようと水辺で必死にもがいていたように思います。しかし、このことわざの通り、息子は水を飲みませんでした。

ようやくそのことに気がつき、子どもが自分で水を飲むためには何が必要かを考えた時、「国語ママの勉強法」にたどり着きました。

本書を手に取ってくださった方は、私のような辛い時間を過ごすことのないよう、本書で述べたことを参考に「国語ママの勉強法」に取り組んでみてください。そして、子どもが自らおいしく水をたくさん飲めるよう、精一杯のサポートをしてあげてください。

中学受験をするのは、小学生です。まだ幼い子どもの国語力を伸ばすことは、我が子の幸せを心から願う親にしかできない、そう思うのです。説明が足りない部分があるかもしれません。どうか真意を汲み取っていただき、本書が、子どもを応援し続ける皆さまの一助になりましたら、こんなにうれしいことはありません。

我が子は、大手中学受験塾に通いました。集団塾なので勉強についていけるのか心配になりましたが、親身なご指導をいただきました。また、私も塾のテキストや解答解説から国語を学び直す機会を得られましたこと、大変ありがたく思っております。

最後になりましたが本書の刊行にあたり、「子どもの自己肯定感を保てる勉強法ですね」と背中を押してくださった息子の学校の先生、出版への道筋をつけてくださった小学館の今井さん、全力でバックアップしてくれた旧友橋本さん、そして編集に関わってくださったすべての方々に心より深くお礼申し上げます。

国語ママ

1973年生まれ。早稲田大学教育学部卒。その後、法律事務所勤務などを経て、フリーのライターとして、中学受験塾約30社を取材し、記事を執筆。息子と娘が中学受験をし、某名門私立中学に入学。現在は中学受験関連サイトの仕事に携わりながら、国語に悩む小学生や保護者に独自の勉強法を教えている。

中学受験
読解力アップ
家での勉強法、教えます。
塾の学びを生かして、定型で解く

2025年4月12日　初版第1刷発行

著者　国語ママ

装丁　株式会社アドヤン

本文デザイン　ヴィレッジ

イラスト　杉野はづみ

発行　株式会社 小学館スクウェア
〒101-0051
東京都千代田区神田神保町2-19　神保町SFⅡ　7F
Tel：03-5226-5781　Fax：03-5226-3510

印刷・製本　三晃印刷株式会社

Printed in Japan　ISBN978-4-7979-8770-6